365 DAYS OF WONDER : MR. BROWNE'S BOOK OF PRECEPTS
COPYRIGHT © 2014 BY R. J. PALACIO
ALL RIGHTS RESERVED.
KOREAN TRANSLATION COPYRIGHT © 2020 BY BOOKNBEAN PUBLISHER
KOREAN TRANSLATION RIGHTS ARRANGED WITH TRIDENT MEDIA GROUP
THROUGH EYA(ERIC YANG AGENCY)

{ 아름다운 그대에게 전하는
따뜻하고 친절한 기적의 한마디 }

365 DAYS OF WONDER
원더 365

R. J. 팔라시오 지음

천미나 옮김

책콩

지은이 **R. J. 팔라시오** R. J. Palacio
R. J. 팔라시오는 전 세계적인 베스트셀러 『원더』의 작가이다. 이 작품은 45개 나라에 번역되어 500만 부 이상 팔렸으며, 영화로 만들어지기도 했다. 우리나라에 출간된 작품으로는 『우린 모두 기적이야』, 『아름다운 아이』, 『아름다운 아이 줄리안 이야기』, 『아름다운 아이 크리스 이야기』, 『아름다운 아이 샬롯 이야기』, 『원더』, 『원더 365』가 있다.
R. J. 팔라시오는 뉴욕 시에서 태어나고 자랐으며, 예술 및 디자인 고등학교를 다녔다. 어느 날, 앙투안 드 생텍쥐페리나 모리스 샌닥 같은 자신이 좋아하는 작가이자 일러스트레이터들의 뒤를 따르기를 바라며 파슨스 디자인 스쿨에서 일러스트레이션을 전공했다. 그 뒤로 여러 해 동안 그래픽 디자이너이자 아트 디렉터로 일했다. 지금은 브루클린에서 남편과 두 아들, 두 마리 개와 함께 살고 있다. rjpalacio.com 또는 트위터 @RJPalacio에서 작가에 대한 더 많은 정보를 알 수 있다.

옮긴이 **천미나**
서울에서 태어났으며, 이화여자대학교 문헌정보학과를 졸업했다. 지금은 전문 번역가로 활동하고 있으며, 그동안 옮긴 책으로는 『아빠, 나를 죽이지 마세요』, 『나를 통째로 삼켜 버린 소녀』, 『당당하게 실망시키기』, 『달 표면에 나무 심기』, 『원더』, 『원더 365』 등이 있다.

원더 365
아름다운 그대에게 전하는
따뜻하고 친절한 기적의 한마디

펴낸날 | 초판 1쇄 2020년 1월 20일
지은이 | R. J. 팔라시오
옮긴이 | 천미나
펴낸이 | 정현문
편집장 | 양덕모
편 집 | 이은지
마케팅 | 허지수
디자인 | 디스커버

펴낸곳 | 책콩
등 록 | 제406-251002010000152호
주 소 | 경기도 파주시 회동길 37-20 4층
전 화 | 02-3141-4772(마케팅), 02-6326-4772(편집)
팩 스 | 02-6326-4771
이메일 | booknbean@naver.com

ISBN 979-11-962548-3-4 (03190)
값 16,000원

이 도서의 국립중앙도서관 출판시도서목록(CIP)은 서지정보유통지원시스템 홈페이지(http://seoji.nl.go.kr)와 국가자료공동목록시스템(http://www.nl.go.kr/kolisnet)에서 이용하실 수 있습니다. (CIP 제어번호 : CIP2019051996)

• 잘못된 책은 구입한 곳에서 바꾸어 드립니다.
• 이 책 내용의 전부 또는 일부를 재사용하려면 반드시 저작권자와 책콩 양측의 동의를 받아야 합니다.

나의 첫 번째 선생님인
아버지께

스승은 영원까지 영향을 미친다.
어디서 그 영향이 끝날지 스승조차 알 수 없다.

헨리 애덤스
—Henry Adams

금언이나 격언은 큰 무게를 지닌다.
당장 가까이 있는 유용한 금언이나 격언 몇 개가
어디에서 찾아야 할지 알 길이 없는 대단한 책들보다
행복한 삶을 위해 더 많은 일을 한다.

세네카
—Seneca

금언

우리 아버지의 성함은 '토머스 브라운'입니다. 할아버지 성함도 토머스 브라운입니다. 내 이름이 토머스 브라운인 이유도 그 때문이지요. 대학 졸업반이 되고 나서야 '토머스 브라운 경'이라는 아주 걸출한 인물이 17세기 영국에 살았다는 사실을 알게 되었습니다. 토머스 브라운 경은 자연 세계에 매우 관심이 컸으며, 재능 있는 작가인 동시에 과학자이자 학자로, 불관용이 기준이던 시대에 관용을 노골적으로 지지한 인물입니다. 간단히 말해, 최고의 동명이인이라고나 할까요.

나는 대학에서 토머스 브라운 경의 많은 작품을 읽기 시작했습니다. 그 가운데에는 그 시절에 만연한 거짓 믿음을 폭로한 작품인 『전염성 유견傳染性謬見, 매우 많은 통설과 일반적으로 받아들여지는 진리 Very many received Tenets, and commonly presumed Truths』와 당시에는 매우 이례적으로 간주되었던 수많은 종교적 탐구를 담고 있는 『의사의 종교 Religio Medici』도 있었습니다. 다음과 같은 훌륭한 문구를 만난 건 『의사의 종교』를 읽을 때였습니다.

우리가 찾는 기적은 바로 우리 안에 있다.

왠지 이 문구의 아름다움과 힘에 몸이 그대로 얼어붙는 기분이었습니다. 인생을 살며 특별히 그 순간에 내가 꼭 듣고 싶었던 말이기 때문이었을까요. 내가 선택한 교사라는 직업이 나를 행복하게 해 주기에 충분한 '기적'으로 가득한 일일까 주저하는 마음이 컸던 시기였으니까요. 나는 이 문구를 작은 쪽지에 적어 내 방 벽에 테이프로 붙여 두었고, 쪽지는 졸업할 때까지 그 자리에 붙어 있었습니다. 졸업을 하면서 쪽지를 챙겨왔지요.

평화봉사단 활동을 하면서도 지갑에 항상 지니고 다녔습니다. 결혼할 때는 아내가 코팅해서 액자로 만들어 주었고, 지금은 브롱스에 있는 우리 집 현관에 걸려 있습니다.

이것은 내 인생의 많은 금언 가운데 첫 번째 금언이었고, 그때부터 나는 스크랩북에 금언을 수집하기 시작했습니다. 읽은 책에서 뽑은 문장. 행운의 과자. 축하 카드 속 문구. 나이키 사의 슬로건인 '저스트 두 잇!(일단 한번 해봐!)'까지 적어 두었는데, 나에게 주는 완벽한 명령 같았기 때문입니다. 영감은 어디에서나 얻을 수 있는 법이니까요.

나는 교생으로 만난 첫 제자들에게 처음으로 금언을 소개했습니다. 글짓기 단원을 가르치며 학생들이 흥미를 느끼게

하는 데 어려움을 겪고 있던 참이었습니다. 학생들에게 자신에게 의미가 큰 무언가를 주제로 100자 분량의 글을 써 오라고 했던 것 같습니다. 먼저 나에게 큰 의미가 있는 것이 무엇인지를 보여주기 위해 코팅한 토머스 브라운 경의 인용문을 가져갔습니다. 그런데 학생들은 내가 그것을 통해 받은 영향보다는, 그 인용문 자체의 의미를 탐구하는 데 훨씬 큰 흥미를 보였습니다. 그래서 바로 그 인용문을 주제로 글을 써 보라고 했지요. 나는 학생들이 생각해 낸 것을 보고 깜짝 놀랐습니다!

그때부터 나는 수업 시간에 금언을 사용했습니다. 사전에 따르면, 금언이란 '삶에 본보기가 될 만한 귀중한 내용을 담고 있는 짤막한 어구'입니다. 그런데 학생들에게는 항상 더 단순하게 금언을 정의합니다. '삶의 지표가 되어 주는 말'이라고요. 참 쉬운 말이죠. 매달 초, 내가 칠판에 새로운 금언을 적으면 각자 그 금언을 따라 적은 뒤, 함께 토론을 합니다. 한 달이 지나면 학생들은 그 금언을 주제로 글을 씁니다. 그리고 학년말이 되면 우리 집 주소를 가르쳐 주면서 방학 동안 자신만의 새로운 금언을 엽서에 적어서 보내라고 합니다. 유명인의 말을 그대로 인용해도 좋고, 직접 만들어 낸 금언도 괜찮습니다. 이러한 숙제를 내 준 첫 해, 금언이 하나라도 도착할까 궁금해하던 기억이 납니다. 그런데 여름방학이 끝날 무렵 맡은 반 학생들이 한 명도 빠짐없이 엽서를 보냈다는 사실을 알고 입이 떡 벌어졌습니다! 이듬해, 똑같은 일이 되풀이되었을 때 내가 얼마나 놀랐을지 짐작이 되실 겁니다. 그런데 이번에는 당시 맡고 있던 학생들만 엽서를 보낸 게 아니었습니다. 많지는 않지만 지난 해에 수업을 들었던 학생들도 엽서를 보내왔습니다!

나는 10년째 아이들을 가르치고 있습니다. 이 글을 쓰는 지금, 나에게는 약 2천 개의 금언이 있습니다. 이 이야기를 들은 비처 사립 중학교 교장 선생님인 터시먼 선생님이 금언을 모아 세상과 함께 공유할 수 있는 책을 한 권 내 보면 어떻겠냐고 제안을 하셨습니다.

매력적인 제안이긴 하지만 어디서부터 시작을 해야 하지? 책에 넣을 금언은 어떻게 고르지? 나는 아이들을 위한 특별한 울림을 주는 주제에 집중하기로 했습니다. 친절. 의지의 힘, 역경의 극복, 혹은 단순한 선행. 나는 마음을 드높여 주는 금언을 좋아합니다. 나는 일 년을 기준으로 하루에 한 가지 금언을 골랐습니다. 이 책을 읽는 독자들이 이 '삶의 지표가 되어 주는 말' 중 하나와 함께 새로운 하루하루를 시작하기를 희망합니다.

이 책을 통해 내가 가장 좋아하는 금언들을 함께 나누게 되어 가슴이 떨립니다. 대다수는 몇 년에 걸쳐 직접 수집한 금언입니다. 학생들이 제출한 금언도 있습니다. 모두 나에겐 의미가 큰 금언입니다. 여러분에게도 그러하기를 바랍니다.

— 브라운 선생님이

과거의 격언을 가르쳐 아이들을 위한
좋은 본보기가 되게 하라. 태어날 때부터
지혜로운 사람은 없다.

기원전 2200년, 고대 이집트의 재상

타호텝의 격언

——The Maxims of Ptahhotep,

2200 BC

1월

◆ 1월 1일 ◆

We carry within us the wonders we seek around us.

우리가 찾는 기적은
바로 우리 안에 있다.

———

토마스 브라운 경
—Sir Thomas Browne

◆ 1월 2일 ◆

And above all, watch with glittering eyes the whole world around you because the greatest secrets are always hidden in the most unlikely places. Those who don't believe in magic will never find it.

그리고 무엇보다 여러분을 둘러싼 세상을 반짝이는 눈으로 지켜보세요. 가장 위대한 비밀은 언제나 가장 뜻밖의 장소에 숨겨져 있으니까요. 마법을 믿지 않는 사람들은 절대 찾아낼 수 없지요.

로알드 달
—Roald Dahl

◆ 1월 3일 ◆

Three things in human life are important: the first is to be kind; the second is to be kind; and the third is to be kind.

인생에서 중요한 세 가지는
첫 번째도 친절, 두 번째도 친절,
세 번째도 친절이다.

헨리 제임스
—Henry James

◆ **1월 4일** ◆

No man is an island, entire of itself.

인간은 섬이 아니다.
혼자선 완벽하지 않으므로.

존 던
—John Donne

◆ 1월 5일 ◆

I yam what I yam.

나는 나일 뿐이야.

뽀빠이(엘지 크리슬러 세가)
—Popeye the Sailor (Elzie Crisler Segar)

◆ 1월 6일 ◆

All you need is love.

당신에게 필요한 것은 사랑입니다.

존 레넌과 폴 메카트니
—John Lennon and Paul McCartney

◆ 1월 7일 ◆

The two most
important days in
your life are the
day you are born
and the day you
find out why.

당신 인생에서
가장 중요한 이틀은
당신이 태어난 날,
그리고 그 이유를
깨달은 날이다.

마크 트웨인
—Mark Twain

◆ 1월 8일 ◆

Somewhere, something incredible is waiting to be known.
어딘가에서 아주 놀라운 일이 세상에 알려지기만을 기다리고 있다.

칼 세이건
—Carl Sagan

◆ 1월 9일 ◆

To be able to look back upon one's life in satisfaction, is to live twice.

만족스럽게 자신의 인생을 되돌아볼 수 있는 삶을 산다면, 다른 사람보다 두 배의 삶을 사는 것이다.

칼릴 지브란
—Kahlil Gibran

◆ 1월 10일 ◆

If the wind will
not serve, take
to the oars.

바람이 도와주지 않으면
노를 저어라.

라틴 속담
—Latin proverb

◆ **1월 11일** ◆

달에 발자국이 있는데 우리가 하늘을 벗어날 수 없다고 말하지 말라.

Don't tell me
The sky's the
Limit when there's
footprints on
The Moon.

폴 브란트

—Paul Brandt

◆ 1월 12일 ◆

How wonderful it is that nobody need wait a single moment before starting to improve the world.

세상을 바꾸고자 한다면
누구든 단 한순간도
주저할 필요가 없습니다.
이 얼마나 멋진 일인가요.

안네 프랑크

—Anne Frank

◆ 1월 13일 ◆

However long the night ... the dawn will break.

밤이 아무리 길어도
새벽은 밝아온다.

아프리카 속담
—African proverb

◆ 1월 14일 ◆

He who knows
others is clever,
but he who knows
himself is
enlightened.

타인을 아는 사람은
지혜로운 자이나,
자신을 아는 사람은
깨달음을 얻은 자이다.

노자
—Lao Tzu

◆ 1월 15일 ◆

the best way to make your

꿈을 이루는 가장 좋은 방법은

dreams come true is to wake up.

꿈에서 깨어나는 것이다.

폴 발레리
—Paul Valéry

◆ 1월 16일 ◆

Just be who you want to be, not what others want to see.

남들에게 보여 주고 싶은
사람이 아니라
네가 되고 싶은
사람이 되어라.

작자불명
—Unknown

◆ 1월 17일 ◆

J. R. R. 톨킨
—J.R.R. Tolkien

◆ 1월 18일 ◆

Make kindness your daily modus operandi and change your world.

친절을 매일의 습관으로 삼으면 세상이 바뀝니다.

애니 레녹스
—Annie Lennox

◆ 1월 19일 ◆

You are braver than you believe, stronger than you seem, and smarter than you think.

너는 네가 믿는 것보다 용감하고, 보기보다 강해.
그리고 네가 생각하는 것보다 더 지혜로워.

크리스토퍼 로빈(앨런 알렉산더 밀른)
—Christopher Robin (A. A. Milne)

◆ **1월 20일** ◆

Have you
had a
kindness
shown?
Pass it on.

누군가 당신에게
친절을 베풀었나요?
다른 이에게도 그 친절을
베풀어 주세요.

헨리 버튼
—Henry Burton

◆ 1월 21일 ◆

Don't dream it, be it.

꿈만 꾸지 말고,

해!

영화 〈록키 호러 픽쳐 쇼〉 중에서
—*The Rocky Horror Picture Snow*

◆ 1월 22일 ◆

The miracle is not to fly in the air, or to walk on the water, but to walk on the earth.

하늘을 날거나
물 위를 걷는 것이
기적이 아니라
우리가 땅을 딛고
걷는 것이 기적이다.

중국 속담
—Chinese proverb

◆ 1월 23일 ◆

There is no shame in not knowing. The shame lies in not finding out.

모르는 건 부끄러운 일이 아니다.
모르는 것을 찾아보지 않는 게
부끄러운 일이다.

아시리아 속담
—Assyrian proverb

◆ 1월 24일 ◆

To thine own self be true.

너 자신에게 진실하라.

월리엄 셰익스피어
——William Shakespeare

◆ 1월 25일 ◆

No act of kindness, no matter how small, is ever wasted.

친절은 아무리 작은 것이라 해도
결코 헛되지 않다.

이솝
—Aesop

◆ **1월 26일** ◆

Be yourself, Everyone Else is already taken.

너 자신이 되어라.

다른 이의 자리는

이미 차 있으므로.

오스카 와일드
—Oscar Wilde

◆ 1월 27일 ◆

Wherever there is a human being there is an opportunity for a kindness.

어디든 사람이
존재하는 곳이라면
친절을 베풀
기회도 존재한다.

세네카

—Seneca

◆ 1월 28일 ◆

Know thyself.

너 자신을 알라.

델포이의 아폴론 신전에 새겨진 글
—Inscription at the Oracle of Delphi

◆ 1월 29일 ◆

Laughter is sunshine; it chases winter from the human face.

웃음은 햇살이다.
웃음은 사람의 얼굴에서
겨울을 몰아낸다.

빅토르 위고
——Victor Hugo

◆ 1월 30일 ◆

The future belongs to those who believe in the beauty of their dreams.

미래는 자신의 꿈이
가치 있는 것임을 믿는
사람의 것이다.

엘리너 루스벨트
—Eleanor Roosevelt

◆ 1월 31일 ◆

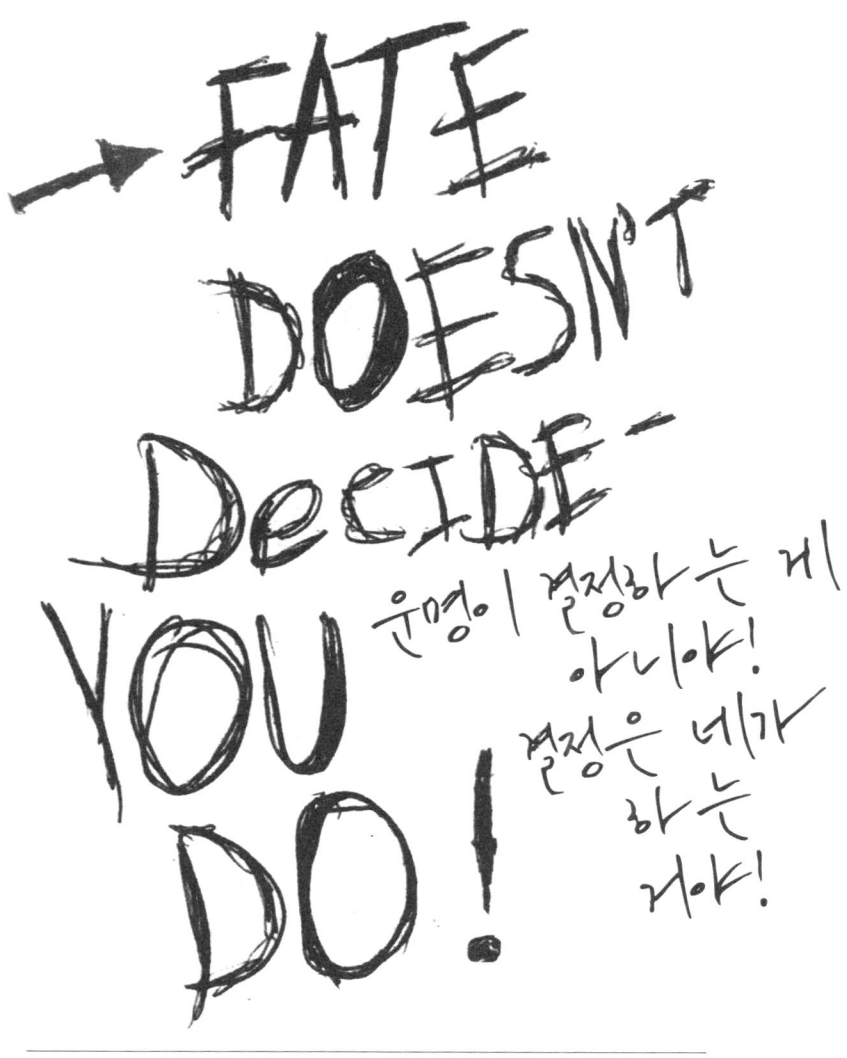

도미닉

—Dominic

모래상자 덕목

비밀 하나 알려 줄까요? 여러분이 아주 어렸을 때 부모님은 여러분이 예의 바른 사람이 되도록 많은 시간을 들여 가르치고 또 가르칩니다. 세상은 예의 바른 사람에게 더 상냥하다는 것이 과학적 사실이니까요. 부모님은 이렇게 당부하지요. "'부탁합니다'라는 말 빼먹지 말고.", "착하게 놀아. '고맙습니다' 인사하고." 이것들은 기본적인 덕목입니다. 이러한 것들을 가르치는 이유는 가르치기에 좋은 것들이기 때문입니다. 우리는 여러분이 사랑받는 사람이 되기를 바랍니다.

그런데 여러분이 중학생이 될 무렵이 되면 우선순위가 바뀝니다. "공부 잘해라. 성공해라. 더 열심히 공부해라. 숙제 다 했니?" 지겹도록 하고 또 하는 말이지요. 어느 순간부터 더는 기본적인 덕목을 강조하지 않습니다. 아마 지금쯤이면 그러한 덕목은 다 배웠을 거라고 여기기 때문이겠죠. 여러분이 배웠으면 하는 다른 것이 너무 많아진 탓일 수도 있고요. 아니 어쩌면, 중학생들에게는 다음과 같은 불문율이 존재하기 때문일까요. 착하게 살기 어렵다. 세상은 예의 바른 아이를 선호할지 모르지만, 다른 중학생 친구들은 그러한 아이들의 진가를 제대로 알아주지 않는 듯합니다. 그리고 여러분이 이 '못된 시기'를 잘 헤쳐 나가기를 기대하는 우리 부모님들은 종종 정상이라고 통하는 못된 짓들을 못 본 척 눈감아 주기도 합니다.

개인적으로는 모든 아이가 '못된 단계'를 통과한다는 이러한 개념을 믿지 않습니다. 솔직히 말하면, 말도 안 되는 헛소리라고 생각합니다! 아이들에게 상당한 모욕이라는 것은 말할 것도 없고요. 자녀가 저지른 불친절한 행동을 정당화하는 수단으로, "내가 뭘 어쩌겠어요? 애들이 다 그렇지." 하고 아무렇지도 않게 말하는 부모님을 접할 때면, 우정 팔찌로 그분들 머리를 탁 때려 주지 않는 게 다행일 지경입니다.

그런데 말이죠. 혹시 기분 나쁘게 들린다면 미안한 말이지만, 나는 여러분이 항상 모든 문제를 스스로 해결할 능력을 갖추고 있다고는 생각하지 않습니다. 때로는 여러분이 되고 싶은 사람이 누구인지를 알아내고, 누가 친구이고 누가 친구가 아닌지를 가려내는 과정에서 불필요한 비열함이 많이 나타나기도 합니다. 어른들은 요즘 학교 내 왕따 문제를 놓고 많은 시간 이야기를 하지만, 진짜 문제는 어떤 아이가 다른 아이의 얼굴에 슬러시를 던진 사건과 같이 단순명료하지 않습니다. 진짜 문제는 사회적인 고립입니다. 잔인한 말장난입니다. 아이들이 서로를 대하는 방식의 문제입니다. 나는 오랜 친구가 서로 등을 돌리는 과정을 내 눈으로 똑똑히 보았습니다. 그런데 때로는 각자의 길을 가는 것만으로는 충분하지 않은 모양입니다. 단순히 옛 친구와 더는 친구가 아니라는 사실을 새 친구들에게 증명하기 위해, 말 그대로 옛 친구를 '따돌려야만' 하기도 하니까요. 그것은 나로서는 도저히 받아들일 수 없는 일입니다. 좋아, 이제부터 친구로 지내지 마. 그렇다고 친절을 잃지는 마. 서로를 존중해야지. 그게 너무 무리한 요구일까요?

아뇨, 나는 그렇게 생각하지 않습니다.

매일 오후 3시 10분, 하교 시간이 되면 내가 가르치는 5학년생들은 비처 사립 중학교 밖으로 우르르 쏟아져 나옵니다. 가까운 곳에 사는 학생들은 걸어서 집으로 갑니다. 버스를 타거나 지하철을 타는 학생들도 있습니다. 하지만 대다수는 부모님이나 돌보미 선생님이 마중을 나옵니다. 어느 쪽이든, 중요한 건, 여러분이 어디에서 누구와 무엇을 하는지 모르는 채로 동네를 배회하고 다니도록 놔두지는 않는다는 사실입니다. 왜일까요? 여러분이 아직 어리기 때문입니다! 그런데 우리가 왜 작은 지침 하나 없이 중학교라는 미지의 영토를 여러분 마음대로 배회하도록 놔두어야 하나요? 여러분은 매일같이 사회적 상황 속에서 길을 찾아 나가야만 합니다. 점심시간의 정치학, 또래 집단으로부터 받는 압박감, 선생님들과의 관계에 이르기까지 말이죠. 혼자 힘으로 아주 잘 해내는 학생들도 있습니다. 있고말고요! 그런데 솔직해집시다. 아직은 도움이 필요한 여러분도 있습니다.

그러니 여러분, 이러한 점에서 우리가 도움의 손길을 내밀 때 화부터 내지는 말아 주세요. 여유를 가지고 기다려 주세요. 부모로서, 과도한 간섭과 무관심 사이에서 적절한 균형을 유지하는 일은 언제고 쉽지는 않습니다. 그러니 이해해 주세요. 우리는 그저 도와주려는 마음이니까요. 여러분이 아직 모래상자 속에서 놀던 꼬꼬마 시절에 배운 오래되고 기본적인 덕목을 여러분에게 다시금 상기시키는 것은 '착하고 친절하게 행동하기'가 중학교 입학과 동시에 끝나는 것은 아니기 때문입니다. 그것은 여러분이 어른이 되어 가는 과정에서, 학교 복도를 걸으며 매일같이 기억해야만 하는 덕목이지요.

사실, 여러분의 마음속에는 너무도 많은 고귀함이 숨겨져 있습니다. 부모로서, 교육자로서, 그리고 교사로서 우리가 할 일은 그 숨겨진 고귀함을 쑥쑥 키우고 밖으로 끌어내, 반짝반짝 빛나도록 만들어 주는 것입니다.

— 브라운 선생님이

2월

2월 1일

It is better to ask some of the questions than to know all the answers.

모든 대답을 아는 것보다는
질문 몇 가지를 제대로 아는 편이
더 현명하다.

제임스 서버
—James Thurber

2월 2일

I expect to pass through this world
but once. Any good, therefore,
that I can do or any
kindness I can show
to any fellow creature,
let me do it now.
Let me not defer or
neglect it, for I
shall not pass this
way again.

나는 이 세상을 한 번만 살고
떠나가겠지요. 그러니 누구에게라도
할 수 있는 선행이나 베풀 수 있는
친절이 있다면 바로 지금 행하려 합니다.
이를 미루거나 소홀히 하지 않게 하소서.
내가 이 삶의 여정을 다시 또 걷지는
않을 것이기 때문입니다.

스티븐 그렐렛
—Stephen Grellet

2월 3일

The supreme happiness of life is the conviction that we are loved.

인생 최고의 행복은
우리가 사랑받고 있다는
확신이다.

빅토르 위고
—Victor Hugo

2월 4일

Love a little more each day.

매일 조금 더
사랑하세요.

매디슨
—Madison

2월 5일

Give me a firm
place to stand,
and I will move
the earth.

나에게 서 있을 자리만 달라.
그러면 지구라도 움직이겠다.

아르키메데스
—Archimedes

2월 6일

I am an expression of the divine.

나는 신의
또 다른 표현이다.

앨리스 워커
—Alice Walker

2월 7일

If you ever feel lost, let your heart be your compass.

만약 길을 잃었다고 느낀다면 당신 마음을 나침반으로 삼으세요.

에밀리

—Emily

2월 8일

Everything
you can
imagine
is real.

상상할 수 있다면,
그것은
이미 현실이다.

파블로 피카소
—Pablo Picasso

2월 9일

If thou follow thy star, thou canst not fail of glorious haven.

너의 별을 따라가라.
그리하면 영광의 하늘에
닿으리라.

단테 알리기에리
—Dante Alighieri

2월 10일

Find Your GREATNESS

당신의 영광을 찾으세요

레베카

—Rebecca

2월 11일

We all have the same roots, and we are all branches of the same tree.

우리는 모두 같은 뿌리를
가지고 있고, 우리는 모두
같은 나무의 가지야.

아앙(〈아바타 : 아앙의 전설〉 중에서)
— Aang (*Avatar: The Last Airbender*)

2월 12일

Man can learn nothing unless he proceeds from the known to the unknown.

아는 것으로부터
미지의 것으로 나아가지 않으면
아무것도 배울 수 없다.

클로드 베르나르
—Claude Bernard

2월 13일

Be-YOU-tiful!

당신은 당신다울 때 가장 아름답다.

린드세이
—Lindsay

2월 14일

To be loved,
be lovable.

사랑받고 싶으면
사랑스러워져라.

오비디우스
—Ovid

2월 15일

The smile is the shortest distance between two persons.

사람과 사람을
가장 가깝게 이어 주는 것은
미소이다.

빅터 보르게
——Victor Borge

2월 16일

Those who try to do something and Fail are infinitely better than those who try to do nothing and succeed.

무언가 해보려고 노력하다

실패하는 사람이

아무것도 하지 않고

성공하는 사람보다 훨씬 훌륭하다.

로이드 존스
—Lloyd Jones

2월 17일

태양이 떠오를 때마다, 새로운 희망이 시작된다.

Every time the sun rises, A NEW HOPE Begins…

잭
—Jack

2월 18일

The main thing is
to be moved, to love,
to hope, to tremble,
to live.

가장 중요한 것은 감동받는 것,
사랑하는 것, 희망하는 것, 떨리는 것,
그리고 살아가는 것이다.

오귀스트 로댕
—Auguste Rodin

2월 19일

The greatest glory in living lies not in never falling, but in rising every time we fall.

삶의 가장 큰 영광은
결코 넘어지지 않는 게 아니라,
넘어질 때마다 다시 일어서는 데 있다.

넬슨 만델라
—Nelson Mandela

2월 20일

Whatever you are, be a good one.

무엇을 하든
최고가 되어라.

에이브러햄 링컨
—Abraham Lincoln

2월 21일

Don't tell me not to fly, I've simply got to.

나에게 날지 말라고
하지 말아요.
난 날아야겠으니.

밥 메릴과 줄 스타인
뮤지컬 〈퍼니 걸〉, '나의 행진에 비를 뿌리지 말아요' 중에서

—Bob Merrill and Jule Styne,
"Don't Rain on My Parade"

2월 22일

Kindly words
do not enter
so deeply into
men as a
reputation
for kindness.

어진 말은
어질다는 소문이
사람들 마음속에
깊이 들어감만 못하다.

맹자

—Mencius

2월 23일

Hard work beats talent when talent doesn't work hard ☺

재능이 있어도

노력하지 않는다면,

노력이 재능을 이긴다.

슈레야
—Shreya

2월 24일

Keep a green tree in your heart
and a singing bird may come.

마음속에 푸르른 나무를 간직하면,
노래하는 새가 날아올 것이다.

중국 속담
—Chinese proverb

2월 25일

They are never alone that are accompanied with noble thoughts.

숭고한 생각을 가진 자는 절대 혼자가 아니다.

필립 시드니 경
—Sir Philip Sidney

2월 26일

When you come to the end of your rope, tie a knot in it and hang on.

밧줄이 더 이상 없다면,
밧줄 끝에 매듭을 묶고 매달려라.

토머스 제퍼슨
—Thomas Jefferson

2월 27일

It's not what happens to you, but how you react that matters.

당신에게 무슨 일이
생겼는지가 아니라,
당신이 어떻게 반응하는지가
중요한 것이다.

에픽테토스
—Epictetus

2월 28일

For
kindness
begets
kindness
evermore.

친절은 언제나
친절을 낳는다.

소포클레스
—Sophocles

일 년 중 가장 긴 달

　일 년 중 이 무렵엔 발견을 주제로 한 금언을 포함시키는 것을 좋아합니다. 하필이면 왜 이때냐고요? 2월은 일 년 중 가장 짧은 달이긴 하지만, 고대하는 휴일 없이 보내는 가장 긴 달이기도 하니까요. 1월은 학생들이 12월이라는 한껏 들뜬 방학을 막 끝내고 난 때입니다. 쏟아지는 선물과 몇 번 눈이 내리는 설렘을 뒤로하고 어느덧 1월 31일이 되면 문득 깨닫게 되지요. "이제 봄방학까지 긴 방학은 없어!" 으악! 이런 이유로 2월은 우울합니다.
　항상 느끼지만, 이럴 땐 학생들에게 미개척지에 대해 생각해 보도록 하면 도움이 됩니다. 상상력의 미개척지가 될 수도 있고, 지리적인 미개척지가 될 수도 있지요. 후자는 보통 이맘때에 역사 시간에 하는 수업과 잘 맞아떨어지고,(역사 선생님에 따라 고대 중국이 되기도 하고, 고대 그리스 탐험이 되기도 합니다.) 전자는 제 창조적 글쓰기 단원으로 아주 자연스럽게 연결됩니다.
　최근에 제임스 서버의 금언인 '모든 대답을 아는 것보다는 질문 몇 가지를 제대로 아는 편이 더 현명하다.'를 사용했는데, 잭 월이라는 학생으로부터 매우 흥미로운 글을 한 편 받았습니다.

　나는 이 금언이 아주아주아주 마음에 든다. 이 금언은 내가 알지 못하는 모든 것에 대해 생각하게 만들어 준다. 어쩌면 앞으로도 결코 알지 못할 것들에 대해서도. 나는 혼자서 질문을 하며 보내는 시간이 많다. 그중엔 바보 같은 질문도 있다. 예를 들면, 똥은 왜 그렇게 냄새가 지독하지? 왜 인간은 개의 품종처럼 모양과 크기가 다양하지 않지?(내 말은, 마스티프는 치와와보다 열 배는 더 큰데, 왜 인간 중에는 키가 18미터에 이르는 사람이 없냐이 말이다.) 그러다 더 거창한 질문을 던져 보기도 한다. 예를 들면, 사람은 왜 꼭 죽어야 할까? 그냥 돈을 팍팍 찍어서 돈이 없는 사람들한테 나눠 주면 왜 안 되는 걸까? 뭐, 이런 질문들.
　올해 들어 나 자신에게 많이 한 거창한 질문은 이거다. 우리는 왜 모두 지금의 모습으로 보이는 걸까? 왜 나에겐 '정상적'으로 보이는 친구와 그렇지 않게 보이는 친구가 있을까? 이것들은 내가 앞으로도 결코 그 답을 알지 못할 것 같은 질문들이다. 그런데 혼자서 그 질문을 던지다 보니 또 다른 질문을 던지게 된다. 그런데 대체 '정상적'인 게 뭐지?
　그래서 나는 온라인 사전에서 찾아보았다. 사전에는 이렇게

나와 있다.

정상적(형용사) : 표준에 부합하는. 보통의, 전형적인, 혹은 예상이 되는.

"표준에 부합한다고?", "보통의? 전형적인? 예상이 되는?" 웩! 예상이 되고 싶은 사람이 도대체 어딨는데? 너무 구리잖아?
내가 이 금언을 정말 좋아하는 이유가 바로 이거다.
왜냐하면 그건 사실이니까! 바보 같은 질문에 대한 엉터리 답을 많이 아는 것보다 진짜 좋은 질문 몇 개를 아는 게 더 낫다. 예를 들면, 멍청한 방정식에서 x의 값이 뭐가 되든지 무슨 상관? 흥! 그런 답은 중요하지 않다! 하지만 "정상적인 것이란 무엇일까?"와 같은 질문은 중요하다! 왜냐하면 정답이란 결코 없을 테니까. 그리고 오답 역시 없다. 중요한 건 바로 그 질문이다!

내가 우리 교실에서 금언을 쓰는 걸 좋아하는 게 바로 이 때문입니다. 일단 금언을 던져 놓으면 무슨 답이 돌아오게 될지, 무엇이 아이의 마음을 울리게 할지, 혹은 무엇이 아이로 하여금 단순히 책에 나온 질문에 답하는 것보다 조금 더 깊이, 조금 더 크게 생각하게 만들어 줄지를 결코 알 수가 없습니다. 내가 금언을 통해 가장 좋아하는 것 가운데 하나가 바로 그것입니다. 금언이 말하고자 하는 바는 대개 인간이 태초부터 해결하고자 씨름했던 것들을 주제로 하고 있으니까요. 나의 5학년 제자들도 똑같은 고민을 하고 있어서 너무 좋습니다!

— 브라운 선생님이

3월

3월 1일

Kind words do not cost much. Yet they accomplish much.

친절한 말은 비용이 들지 않지만
많은 것을 얻을 수 있게 한다.

블레즈 파스칼
—Blaise Pascal

3월 2일

Never doubt that
a small group of
thoughtful, committed
citizens can change
the world.
Indeed, it's the
only thing that ever has.

깨어 있고 헌신적인 소수의 사람들이
세상을 바꿀 수 있음을 의심하지 다십시오.
지금까지 바로 이런 사람들로 인해
세상은 변화해 왔습니다.

마거릿 미드
—Margaret Mead

> 3월 3일

To me, every hour of
the light and dark
is a miracle,
Every inch
of space is a miracle.

내게는 밝거나 어둡거나
모든 시간이 기적이요,
공간 구석구석이
기적입니다.

월트 휘트먼
—Walt Whitman

3월 4일

How like an Angel came I down!

마치 천사처럼
내가 내려왔지!

토머스 트러헌
—Thomas Traherne

3월 5일

Superheroes are made but heroes are born.

슈퍼 히어로는 만들어지지만 히어로는 태어난다.

안토니오
—Antonio

3월 6일

A tree is known by its fruit; a man by his deeds. A good deed is never lost; he who sows courtesy reaps friendship, and he who plants kindness gathers love.

나무는 열매로 말하고, 사람은 행동을 보면 인간됨을 알 수 있다. 선행은 결코 없어지지 않나니, 호의를 베풀면 우정을 얻고, 친절을 베풀면 사랑을 거두리라.

성 바실리우스
—St. Basil

3월 7일

Do not go where the path may lead, go instead where there is no path and leave a trail.

길이 난 곳으로 가지 말라.
길이 없는 곳으로 가
너의 발자국을 남겨라.

랠프 월도 에머슨
—Ralph Waldo Emerson

3월 8일

Life is a ticket to the greatest show on earth.

인생은 지구상에서
가장 위대한 쇼의
티켓이다.

마틴 H. 피셔
—Martin H. Fischer

3월 9일

To know what you know and what you do not know, that is true knowledge.

내가 무엇을 알고
무엇을 모르는지를
아는 것이 참으로
아는 것이다.

공자
—Confucius

3월 10일

Happiness is not something readymade. It comes from your own actions.

행복은 이미
만들어진 것이 아니라
당신의 행동에서
비롯되는 것입니다.

달라이 라마
—Dalai Lama

3월 11일

Always do right. This will gratify some people and astonish the rest.

늘 옳은 일을 행하라.
어떤 이들은 기뻐하고,
다른 이들은 놀라워할 것이다.

마크 트웨인
—Mark Twain

3월 12일

That Love is all there is,
Is all we know of Love.

사랑이 세상의 전부라는 것.
사랑에 대해 우리가 아는 건 그것뿐.

에밀리 디킨슨
—Emily Dickinson

3월 13일

What lies behind us and what lies before us are but tiny matters compared to what lies within us.

우리 뒤에 놓여 있는 것들과

우리 앞에 놓여 있는 것들은

우리 안에 놓여 있는 것들에 비해

아주 사소한 문제들이다.

헨리 스탠리 하스킨스
—Henry Stanley Haskins

3월 14일

Thousands of candles
can be lit from a
single candle, and
the life of the single
candle will not be shortened.
Happiness never
decreases by
being shared.

수천 개의 촛불도 단 한 개의
초로 밝힐 수 있으며,
그렇다고 그 초의 수명이 짧아지진 않는다.
행복은 나누어도 결코 줄어들지 않는다.

불교전도협회, 『불교성전』 중에서
—Bukkyo Dendo Kyokai,
The Teaching of Buddha

3월 15일

Paradise on Earth is where I am.

내가 있는 곳이
낙원이다.

볼테르
—Voltaire

3월 16일

In this world, one needs
to be a little too good in order
to be good enough.

이 세상에서
적당히 잘하기 위해서는
좀 지나칠 필요가 있다.

피에르 드 마리보
―Pierre Carlet de Chamblain de Marivaux

3월 17일

Good actions are the
invisible hinges on the
doors of heaven.

선행은
천국으로 가는 문의
보이지 않는 경첩이다.

빅토르 위고
——Victor Hugo

3월 18일

Be the person who can smile on the worst day.

최악의 날에
웃을 수 있는
사람이 되어라.

케이트
—Cate

> 3월 19일

> Don't just go with the flow, take some dares through the rapids.

흘러가는 대로
몸을 맡기지만 말고,
급류를 뚫고
용감히 나아가라.

―이사벨
―Isabelle

3월 20일

Where there is love, there is joy.

사랑이 있는 곳에
기쁨이 있습니다.

마더 테레사
—Mother Teresa

3월 21일

Hope is like the Sun.

When it's behind the clouds, it's not gone. You just have to find it!

희망은 **태양**과 같아요.
구름 뒤에 있어도
사라지지 않지요.
당신은 그걸 찾아내기만
하면 된답니다!

매튜
—Matthew

3월 22일

최선을 다하는 데는 시간이 걸린다.

your best takes your time.

— Thomas

3월 23일

What wisdom can you find that is greater than kindness?

친절보다 더
위대한 지혜가
어디에 있겠는가?

장 자크 루소
—Jean-Jacques Rousseau

3월 24일

The man who moves a mountain must start by moving small stones.

산을 움직이려 하는 이는
작은 돌을 들어내는 일로
시작하느니라.

중국 속담
Chinese proverb

3월 25일

You can do anything you want. All you have to do is Believe

당신은 원하는 건 무엇이든 할 수 있어요.

할 수 있다고 믿기만 한다면요.

엘라

—Ella

3월 26일

Be kind whenever possible. It is always possible.

가능할 때마다
친절을 베푸세요.
친절은 언제나 가능합니다.

달라이 라마
—Dalai Lama

3월 27일

As soon as you trust yourself,
you will know how to live.

스스로를 신뢰하는 순간,
어떻게 살아야 할지 깨닫게 된다.

요한 볼프강 폰 괴테
—Johann Wolfgang von Goethe

3월 28일

We must dare, dare again, and go on daring!

과감하라, 과감하라,
더 과감하라!

조르주 자크 당통
—Georges Jacques Danton

3월 29일

No bird soars too high if he soars with his own wings.

스스로의 날갯짓으로 날아간다면,
오르지 못할 곳이 없다.

윌리엄 블레이크
—William Blake

3월 30일

Life is about using the whole box of crayons.

인생은

크레파스 한 통을

모두 사용하는 것이다.

루폴
—RuPaul

3월 31일

Life is like a rollercoaster...

인생이란 롤러코스터처럼

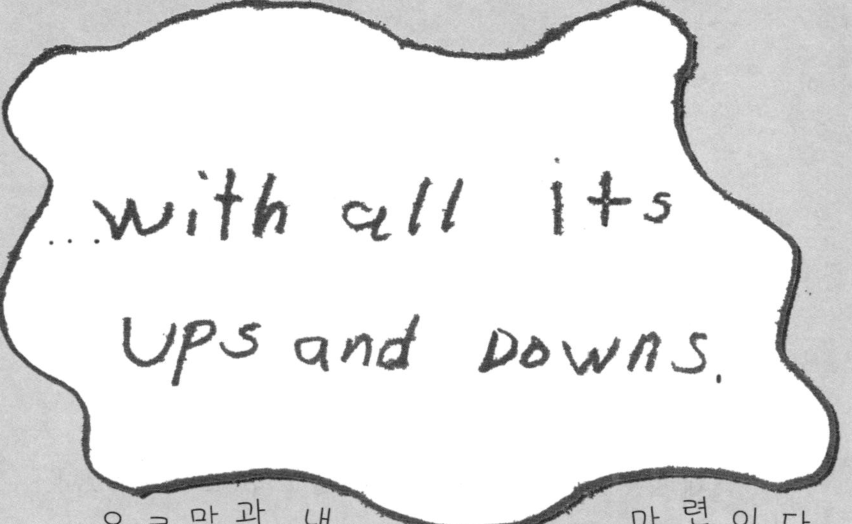

...with all its ups and downs.

오르막과 내리막이 있기 마련이다.

카일러
—Kyler

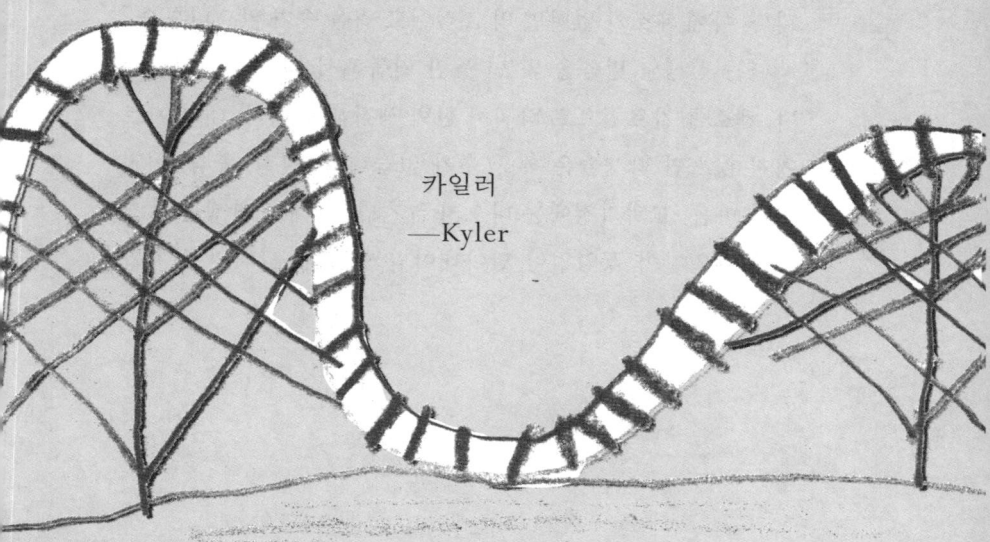

한 숟가락의 친절

아들 토미가 세 살 때, 아내 릴리와 함께 토미를 데리고 정기 검진을 받으러 갔습니다. 소아과 선생님이 토미의 식습관에 대해 묻더군요.

"음, 토미는 한창 닭튀김하고 탄수화물을 좋아하는 시기라, 지금 당장은 아이에게 억지로 채소를 먹이는 건 포기했어요. 저녁마다 서로 싸우다 지쳐서요."

내 말을 들은 의사 선생님이 고개를 끄덕이고 빙그레 웃더니 이렇게 말했습니다.

"네, 아이한테 억지로 채소를 먹일 수는 없지요. 그래도 두 분이 하실 일은 아이 접시에 채소를 빠지지 않고 올려 주는 겁니다. 아예 채소가 없다면 먹고 싶어도 먹을 수가 없으니까요."

나는 선생님 말씀을 몇 년 동안 거듭해서 생각해 보았습니다. 채소를 가르침으로 바꿔서 한번 생각해 봅니다. 내가 가르치지 않으면 학생들은 배울 수가 없습니다. 친절. 공감. 인정 어린 마음. 교과과정에는 나오지 않지만, 그래도 학생들의 접시에 매일같이 끊임없이 담아내야만 합니다. 그러면 언젠가는 먹겠죠. 먹지 않을 수도 있고요. 어느 쪽이든 내가 할 일은 학생들에게 그것들을 계속 제공해야만 한다는 것입니다. 부디 한술 뜬 오늘의 친절에 내일은 더 크게 맛보고 싶은 마음이 들기를 바랍니다.

— 브라운 선생님이

4월

4월 1일

What is beautiful is good, and who is good will soon be beautiful.

아름다운 것은 선하고,
선한 사람은 곧 아름다워진다.

사포
—Sappho

┌ **4월 2일** ┐

'Tis always morning somewhere in the world.

세상 어딘가는
항상 아침이다.

리처드 헨리 헹기스트 호른
—Richard Henry Hengist Horne

┌ **4월 3일** ┐

Knowledge, in truth, is the
great sun in the firmament.
Life and power are scattered
with all its beams.

지식은 무릇 비할 수 없이 큰
하늘의 태양과 같다.
밝은 빛줄기로
생명과 힘을 흩뿌려 준다.

대니얼 웹스터
—Daniel Webster

┌ **4월 4일** ┐

Nothing can make our life, or the lives of other people, more beautiful than perpetual kindness.

한결같은 친절만큼 우리의 삶을,
혹은 다른 이들의 삶을
더 아름답게 만들 수 있는 것은 없다.

레프 니콜라예비치 톨스토이
—Leo Tolstoy

┌ **4월 5일** ┐

마음껏 소리치며 당당하게 살아라.

Live Life Out Loud

델라니
—Delaney

4월 6일

Be the change you want to see in the world.

세상이 변하는 걸 보고 싶다면,

스스로 그 변화가

되어야 합니다.

마하트마 간디
—Mahatma Gandhi

┌ **4월 7일** ┐

Life can only be understood backwards; but it must be lived forwards.

삶은 살아 봐야만 이해할 수 있다.
그래도 미래를 보며 살아야 한다.

쇠렌 키에르케고르
—Søren Kierkegaard

4월 8일

Heaven is under our feet as well as over our heads.

천국은 하늘뿐만 아니라
우리 발밑에도 있다.

헨리 데이비드 소로
—Henry David Thoreau

4월 9일

Be noble! and the nobleness that lies
In other men, sleeping but never dead,
Will rise in majesty to meet thine own.

고결하라!
그리하면 다른 이들 속에 누워 잠들되
죽지 않는 그 고결함이 위엄 있게 일어나
당신의 고결함과 만나리니.

제임스 러셀 로웰
—James Russell Lowell

4월 10일

He was a bold man that first ate an oyster.

굴을 처음으로 먹은 사람은 참으로 대담한 사람이다.

조나단 스위프트
—Jonathan Swift

4월 11일

It's not whether you get knocked down, it's whether you get up.

쓰러지느냐 쓰러지지 않느냐가

중요한 것이 아니라

쓰러졌을 때 다시 일어서는 것이 중요하다.

빈스 롬바르디
—Vince Lombardi

┌ **4월 12일** ┐

The world is good-natured
to people who are
good-natured.

세상은 선량한 이들에게
선량하다.

윌리엄 메이크피스 새커리
—William Makepeace Thackeray

⌈ **4월 13일** ⌉

The universe is what you ☆ illustrate it to be.

당신이 그리는 세상이 바로 우주이다.

―――――――――――――――――――

로리
—Rory

┌ **4월 14일** ┐

The difference between ordinary and extraordinary is that little extra.

평범함과 비범함의 차이는
조금의 노력에 있다.

지미 존슨
—Jimmy Johnson

4월 15일

I am only one,

But still I am one.

I cannot do everything,

But still I can do something;

And because I cannot do everything,

I will not refuse to do the something that I can do.

나는 한 인간에 불과하지만
오롯한 한 인간이다.
나는 모든 것을 할 수는 없지만
무언가는 할 수 있다.
그리고 내가 모든 것을 할 수 없기에
내가 할 수 있는 것을 기꺼이 하겠다.

에드워드 에버렛 헤일
—Edward Everett Hale

4월 16일

> You can complain because roses have thorns, or you can be grateful because thorn bushes have roses.

우리는 장미에
가시가 있다고 불평할 수도 있고,
가시덤불에 장미가 있다고
기뻐할 수도 있다.

지기(톰 윌슨)
—Ziggy (Tom Wilson)

4월 17일

Use what talent
you possess: the woods
would be very silent
if no birds sang except
those that sang best.

가지고 있는 어떤 재주든 사용하라.
노래를 가장 잘하는 새들만 지저귄다면
숲은 너무도 적막할 것이다.

헨리 반 다이크
―Henry van Dyke

4월 18일

The goal of life is to make
your heartbeat match the
beat of the universe, to match
your nature with Nature.

인생의 목표는 당신의 박동을
우주의 박동과 맞추는 것이자,
당신의 천성을 자연과 맞추는 것이다.

조지프 캠벨
—Joseph Campbell

4월 19일

Even the
아무리
toughest
사나운 개라도
Dogs can
진공청소기는
be afraid
무서워한다.
of vacuums.

애나
—Anna

4월 20일

Do a deed of simple kindness; though its end you may not see, it may reach, like widening ripples, down a long eternity.

작은 친절을 베푸십시오.
비록 그 결과를 못 본다 해도
그것은 물결이 번져 나가듯
영원토록 끝없이
번져 나갈 것입니다

조지프 노리스
—Joseph Norris

4월 21일

We love the things we love for what they are.

우리는 그대로가 좋아서
사랑하는 사물을 사랑한다.

로버트 프로스트
—Robert Frost

4월 22일

Ideals are like stars; you will not succeed in touching them with your hands. But like the seafaring man on the desert of waters, you choose them as your guides, and following them you will reach your destiny.

이상은 별과 같다.
손으로 만지지는 못하나
망망대해를 항해하는 뱃사람처럼
그것을 길잡이 삼아 따라간다면
그대의 운명에 다다를 것이다.

카를 슈르츠
—Carl Schurz

┌ **4월 23일** ┐

You don't live in a world all alone.

당신은

이 세상을 혼자서
살아가는 게 아닙니다.

Your brothers are here, too.
당신의 형제들도 있습니다.

알베르트 슈바이처
—Albert Schweitzer

4월 24일

I feel no need for
any other faith than my faith
in human things.

인간에 대한 믿음 이외에
다른 믿음은 굳이 필요하다고
생각하지 않습니다.

펄 S. 벅
—Pearl S. Buck

4월 25일

Today I have grown taller from walking with the trees.

오늘 나는
나무와 함께 걷다가
키가 더 커졌다.

칼 윌슨 베이커
—Karle Wilson Baker

4월 26일

The great man does not think beforehand of his words that they may be sincere, nor of his actions that they may be resolute—he simply speaks and does what is right.

대인은 말을 함에 있어서
반드시 남들이 믿어 주기를 바라지 않고,
행동함에는 반드시 상응하는 결과가
있을 것을 바라지 않으며, 오직 의(義)에 따라
말하고 행동할 뿐이다.

맹자
—Mencius

┌ **4월 27일** ┐

Wherever you are it is your own friends who make your world.

당신이 어디에 있든
당신의 세계를 만드는 것은
당신의 친구입니다.

윌리엄 제임스
—William James

┌ **4월 28일** ┐

There are many
great deeds
done in
the small
struggles
of life.

인생의 작은
투쟁들 속에서
많은 위대한 행위가
이루어진다.

빅토르 위고
—Victor Hugo

4월 29일

Don't wait until you know
who you are to get started.

그냥 시작하라.
너무 깊이 생각하지 말고.

오스틴 클레온
——Austin Kleon

4월 30일

To each, his own is beautiful.

누구나 제멋에 사는 법이다.

라틴 속담
—Latin proverb

지금 너에게 있는 타일을 써라

 나의 외조부모님은 스크래블광입니다. 같이 할 사람이 있든 없든 밤마다 게임을 하시죠. 그것도 50년도 넘은 게임판으로요. 두 분이 붙으면 어마어마한 판이 벌어지는데, 두 분 다 실력이 보통이 아니기 때문입니다. 흥미로운 건, 우리 가문에서 '지식인'으로 유명한 할아버지가 할머니한테는 번번이 진다는 사실입니다. 그렇다고 할머니가 할아버지에 비해 똑똑하지 못하다는 건 아닙니다. 할아버지가 콜롬비아 대학교에서 학위를 받을 때 할머니는 우리 어머니와 이모들을 키우느라 집에 계셨다는 것뿐이죠. 할아버지는 변호사이고 할머니는 주부였습니다. 할아버지는 도서관에 버금가는 책이 많고, 할머니는 십자말풀이가 취미입니다. 할아버지는 지는 건 질색인 분이지만, 할머니는 50년이 넘는 세월 동안 십중팔구 할아버지를 때려눕혔지요.
 언젠가 할머니에게 승리의 비결을 물었더니 이렇게 말씀하셨습니다.
 "간단해. 그냥 내가 가진 타일을 쓰면 돼."

"알겠는데요, 할머니. 그래도 조금만 더 자세히 말씀해 주세요."

"내가 너희 할아버지를 매번 이기는 이유는 이거야. 너희 할아버지는 타일을 안 쓰고 꼭 모아 놔. 좋은 글자가 있으면 트리플 워드에 쓰려고 아끼는 거지. 일곱 글자를 다 써서 보너스 점수 50점을 얻겠다고 자기 차례를 패스하기도 하고. 아니면 더 좋은 글자를 얻고 싶어서 타일을 교환하든지. 게임은 그렇게 하면 안 돼!"

내가 할아버지를 변호하는 차원에서 말했습니다.

"그것도 나름대로 할아버지 전략이잖아요."

할머니는 무시하듯 손사래를 치며 대꾸하셨지요.

"나는 있지, 그냥 나한테 있는 타일을 쓰거든. 어떤 타일이 됐든. 좋은 글자든 나쁜 글자든 상관없어. 트리플 워드가 되든 말든 상관없고. 뭐든 나한테 있는 걸로 하는 거야. 있는 걸 최대한 활용하지. 그래서 내가 항상 할아버지를 이기는 거야."

"할아버지도 아세요? 이 비법을 알려 주신 적 있으세요?"

"무슨 비법? 내가 게임하는 걸 밤마다 50년 동안 본 양반인데. 너는 내가 하는 게 비법 같더냐? 지금 너에게 있는 타일을 써라! 그게 내 비법이야."

나중에 내가 할아버지에게 말했습니다.

"할아버지, 할머니 말씀이 스크래블에서 할머니가 항상 이기는 이유가 할머니는 항상 할머니한테 있는 타일을 쓰는데, 할아버지는 꼭 쥐고 안 써서 그렇다는데요. 할아버지 방식을 조금 바꿔 봐야겠다는 생각 안 해보셨어요? 그럼 더 자주 이기실지 모르잖아요!"

할아버지가 손가락으로 내 가슴을 쿡 찔렀습니다.

"그게 너희 할머니하고 내 차이야. 나도 이기고 싶지만 이겨도 우아하게 이겨야지. 훌륭하고 긴 낱말로. 지금까지 그 누구도 들어 본 적 없는 낱말. 그게 나다. 너희 할머니는 AA와 OO로만 이겨도 이기면 그만인 사람이고. 그런 옛말이 있지 아마. 수엄 퀴에 펄크럼 에스트!(Suum cuique pulchrum est!) 누구나 제멋에 사는 법이다."

"할아버지, 그럴 수도 있긴 한데. 할머니한테 맨날 한방 먹으시잖아요!"

할아버지가 껄껄 웃으며 말씀하셨죠.

"수엄 퀴에 펄크럼 에스트!(Suum cuique pulchrum est!)"

— 브라운 선생님이

5월

• 5월 1일 •

Play the tiles you get.

지금 너에게 있는
타일을 써라.

넬리 할머니
—Grandma Nelly

5월 2일

Do all the good you can,
By all the means you can,
In all the ways you can,
In all the places you can,
At all the times you can,
To all the people you can,
As long as you ever can.

할 수 있는 모든 선행을 다하여라.
할 수 있는 모든 수단으로,
할 수 있는 모든 방법으로,
할 수 있는 모든 곳에서,
할 수 있는 모든 기회를 이용하여,
할 수 있는 모든 사람에게,
할 수 있는 한 언제나 변함없이.

존 웨슬리
—John Wesley

● 5월 3일 ●

There is nothing stronger in the world than gentleness.

세상에 온화함보다
더 강인한 것은 없다.

한 수인
―Han Suyin

• **5월 4일** •

A single act of kindness throws out roots in all directions, and the roots spring up and make new trees.

하나의 친절한 행동은
사방팔방으로 뿌리를 내리고,
그 뿌리에서 새싹이 돋아
새로운 친절의 나무가 자라난다.

파베르 신부
──Father Faber

5월 5일

Winners 승자는 결코
never quit 포기하지 않으며,
and 포기하는 사람은
quitters 결코 승리할
never win 수 없다.

빈스 롬바르디
—Vince Lombardi

● 5월 6일 ●

Cherish that which is within you.

네 안에 있는 것을
소중히 여겨라.

장자
—Chuang Tzu

5월 7일

Follow your dreams. It may be a long journey, but the path is right in front of you.

당신의 꿈을 향해 나아가세요. 긴 여정일지 모르나 그 길은 바로 당신 앞에 있습니다.

그레이스
—Grace

● **5월 8일** ●

It's not the load that
breaks you down.
It's the way you carry it.

당신을 무너뜨리는 건
당신이 짊어진 짐이 아니다.
문제는 그 짐을 짊어진 방식이다.

C. S. 루이스
—C. S. Lewis

● 5월 9일 ●

Though we travel
the world over to find
the beautiful, we must
carry it with us or
we find it not.

아름다운 것을 보기 위해
여행을 한다지만, 만일 그것이
우리 마음속에 없다면
결코 찾지 못할 것이다.

랠프 월도 에머슨
—Ralph Waldo Emerson

• 5월 10일 •

The breeze at dawn has secrets to tell you. Don't go back to sleep.

새벽 산들바람에는 그대에게
말해 줄 비밀이 있답니다.
그러니 다시 잠들지 말아요.

루미
—Rumi

5월 11일

IF PLAN "A" DOESN'T WORK, JUST REMEMBER: THE ALPHABET HAS 25 MORE LETTERS.

만약 A안이 효과가 없다면,
이것만 기억하세요.
당신에게는 아직 25개의
알파벳이 남아 있다는 사실을요.

작자불명
—Unknown

● **5월 12일** ●

The world does not know how much it owes to the common kindnesses which so abound everywhere.

어디에서나 넘쳐나는
평범한 친절에
얼마나 큰 빚을 지고 있는지
세상은 알지 못합니다.

J. R. 밀러, 『친절의 아름다움』 중에서
—J.R. Miller, *The Beauty of Kindness*

● **5월 13일** ●

The best and most beautiful things in the world cannot be seen or even touched. They must be felt with the heart.

세상에서 가장 아름다운 것들은
볼 수도 만질 수도 없다.
오직 가슴으로만 느낄 수 있다.

헬렌 켈러
—Helen Keller

● **5월 14일** ●

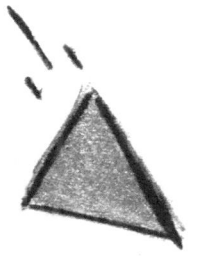

You were born An original. don't become a copy.

당신은 세상에 하나뿐인 사람으로 태어났다.
남들과 똑같은 사람이 되지 말라.

더스틴
—Dustin

• 5월 15일 •

FIND THINGS THAT SHINE AND MOVE TOWARD THEM.

마음속에 푸르른 나무를 간직하면,
노래하는 새가 날아올 것이다.

미아 패로
—Mia Farrow

● 5월 16일 ●

If you want to be well-liked, you got to be yourself.

호감을 얻고 싶다면,
너 자신이
되어야 한다.

개빈
—Gavin

● **5월 17일** ●

If your ship doesn't come in, swim out to it.

당신이 타야 할 배가
오지 않는다면,
헤엄쳐 나가서 타세요.

조너선 윈터스
—Jonathan Winters

● 5월 18일 ●

All we are saying is give peace a chance.

우리가 하고 싶은 말은
평화에게도 기회를 주자는 거예요.

존 레넌
—John Lennon

● 5월 19일 ●

The purpose of life is a life of purpose.

삶의 목적은
목적 있는 삶을 사는 것이다.

로버트 바이런
—Robert Byrne

• 5월 20일 •

Believe in life!

당신의 삶을 믿으세요!

W. E. B. 두 보이스
—W.E.B. Du Bois

5월 21일

You're free to make your own choices, but you will never be free of the consequences of your choices.

당신은 선택의 자유가 있지만
그 선택의 결과로부터 결코 자유로울 수 없다.

스리슈티
—Srishti

• **5월 22일** •

Making a million friends is not a miracle . . . the miracle is to make such a friend who can stand with you when millions are against you.

수많은 친구를 사귀는 것은 기적이 아니다.
진짜 기적이란, 수많은 이들이 나를 저버릴 때
내 옆을 지켜 줄 한 사람의 친구를
만드는 것이다.

작자불명
—Unknown

5월 23일

Have I done an unselfish thing?
Well then, I have my reward.

내가 사심 없는 호의를 베풀었던가?
그렇다면 나는 이미 보답을 받은 것이다.

마르쿠스 아우렐리우스
―Marcus Aurelius

● **5월 24일** ●

The wind is blowing. Adore the wind!

바람이 불고 있다.
바람을 찬양하라!

피타고라스
——Pythagoras

● **5월 25일** ●

The chief happiness for a man is to be what he is.

인간에게 가장 큰 행복은
바로 자기 자신이
되는 것이다.

데시데리우스 에라스뮈스
——Desiderius Erasmus

● **5월 26일** ●

A single conversation across the table with a wise man is worth a month's study of books.

현명한 사람과 마주앉아
나눈 한 번의 대화는
한 달 동안 책을 읽고 공부한 만큼의
값어치가 있다.

중국 속담
—Chinese proverb

● **5월 27일** ●

Your actions are all you can own.

당신이 하는 행동은 모두
당신의 책임이다.

플린
—Flynn

5월 28일

Just love life
and it will love
you back

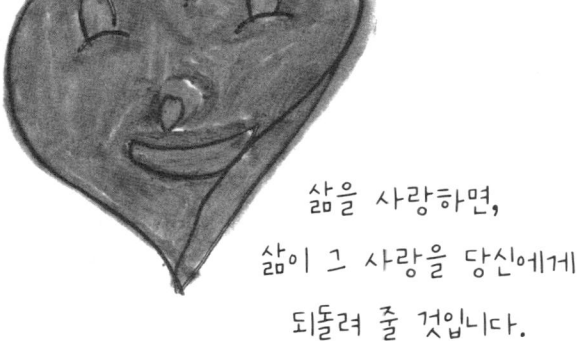

삶을 사랑하면,
삶이 그 사랑을 당신에게
되돌려 줄 것입니다.

매들린
—Madeline

● 5월 29일 ●

Kindness is a language the deaf can hear and the blind can see.

친절은 들리지 않는 이도
들을 수 있고,
보이지 않는 이도
볼 수 있는 언어이다.

마크 트웨인
——Mark Twain

● **5월 30일** ●

Is it so small a thing
To have enjoyed the sun,
To have lived light
in the spring,
To have loved, to have
thought, to have done;
To have advanced true
friends, and beat
down baffling foes?

지금껏 해 온 것들이 그토록
사소한 일이란 말인가.
태양을 즐기고, 봄볕을 느끼고,
사랑을 하고, 생각을 하고, 일을 하고,
진정한 우정을 쌓고, 못된 적을
때려눕힌 것이?

매튜 아놀드
—Matthew Arnold

● 5월 31일 ●

a multitude of small delights constitute happiness.

작은 기쁨들이 모여서 행복을 이룬다.

샤를 보들레르
—Charles Baudelaire

당신의 행동은 눈에 보인다

가끔씩 나는 학생들에게 그들이 투명인간이 아니라는 걸 상기시켜 주어야만 합니다. "너희 눈 굴리는 거 다 보인다!" 아이들은 이 말이 우습다고 생각합니다. 보통은요. 사실 우습기도 하고요. 보통은요. 그런데 요전날 밤, 자신들의 행동이 눈에 뻔히 보인다는 사실을 너무도 쉽게 잊고 산다는 사실을 다시금 상기할 수밖에 없는 사건이 있었습니다.

비처 사립 고등학교의 연극 공연을 보러 갔다가 옛 제자의 어머님 옆자리에 앉게 되었습니다. 그 제자를 브리아나라고 칭해 보겠습니다. 브리아나는 상냥하고 밝은 여학생이었지만 중학교 시절, 몇몇 못된 여자애들 때문에 힘든 일을 겪었습니다. 원래 수줍음이 많고 좀 소심한 편이라, 어머님을 통해 브리아나가 연극에서 주인공을 맡았다는 말씀을 듣고 깜짝 놀랐습니다. 어머님은 매우 뿌듯해하셨지요! 브리아나가 고등학교에 가면서 마음의 껍질을 깨고 나왔다며, 노래와 연기의 재능을 인정받은 덕분이 크다고 하셨습니다.

연극이 시작되고 브리아나가 무대에 나온 순간, 나는 어머님 말씀이 무슨 뜻인지 깨달았습니다. 소심하고 자그마한 5학년 여자아이는 온데간데없고 어린 니콜 키드먼이라고 착각할 만한 자신감 넘치는 여주인공이 그 자리를 대신하고 있었으니까요. '장하구나, 브리아나!' 하고 나는 속으로 생각했습니다. 그런데 브리아나가 부르던 노래의 1절이 끝나는 순간, 우리 자리에서 두 줄 앞에 앉은 여자애들이 눈에 들어왔습니다. 중학교 때 브리아나를 못살게 굴던 바로 그 세 명의 여학생들이었지요. 셋 다 이제는 학교에 다니지 않습니다.(고등학교에서 입학을 불허했는데, 학교 폭력에 대해서 엄중한 처벌을 원칙으로 하는 학교 방침이 큰 이유가 되었습니다.) 이 여학생들은 브리아나가 무대에 나온 순간 낄낄 웃음을 터뜨렸습니다. 입을 손으로 가리고 속닥거리기도 했고요. 자기들을 알아보는 사람이 아무도 없다고 생각했던 게 분명합니다. 그러나 흘깃 보니 이 모든 광경을 브리아나의 어머님도 똑똑히 보고 있었습니다. 그 표정은 차마 무어라 말하기 힘들 정도였습니다. 너무도 마음이 아팠습니다.

나는 브리아나의 독창이 끝나기를 기다렸습니다. 박수가 시작되자, 앞좌석으로 몸을 기울여 그 여학생들 중 한 명의 어깨를 톡톡 쳤습니다. 그 아이가 몸을 돌려 나를 보고 미소를 지으려다가 내가 입모양으로 닥쳐!라고 말하자, 내 표정을 알아챘습니다. 다른 두 아이도 똑같이 보았지요.

예전에 자신들을 가르친 친절한 영어 선생님이, 화가 잔뜩 난 얼굴로 이제껏 자기들한테 한 번도 써 본 적이 없는 언어로 꾸짖는 모습에 충격이 큰 것 같았고, 이는 의도했던 효과를 거두었습니다. 세 사람은 1막이 끝날 때까지 쥐죽은 듯 조용했습니다. 중간 휴식시간에 셋은 후다닥 자취를 감추었고, 2막이 시작되었지만 되돌아오지 않았습니다.

연극이 끝날 즈음엔 우레와 같은 박수갈채 속에서 그 바보 같은 여학생들은 까맣게 잊어버렸지요. 나는 진정으로 훌륭하게 공연을 끝낸 브리아나를 축하해 주기 위해 어머님을 향해 몸을 돌렸습니다. 어머님은 웃고 있었지만 눈가에는 눈물이 맺혀 있었습니다. 자랑스러워서 흘린 눈물인지, 아니면 그 여학생들이 완벽한 기쁨의 밤을 망쳐 놓았다는 사실로 인한 괴로움의 흔적인지는 잘 모르겠습니다. 확실한 건, 그 여학생들에 대한 나의 기억은 그날 밤 그들의 무분별한 행동으로 인해 앞으로 영원히 바뀔 거라는 사실입니다. 세 사람이 브리아나의 엄마가 보고 있는 줄 뻔히 알면서도 그랬다고는 생각하지 않지만, 그건 중요하지 않습니다. 여러분, 여러분의 행동은 눈에 보입니다, 그리고 기억됩니다.

— 브라운 선생님이

6월

6월 1일

Just follow the day and reach for the sun!

하루에 몸을 맡기고
태양을 향해
손을 뻗어 봐.

폴리포닉 스프리, 〈빛과 하루〉 중에서
—The Polyphonic Spree

6월 2일

Ignorance is not saying, I don't know.
Ignorance is saying, I don't want to know.

무지는 말하지 않는다,
나는 모른다고.
무지는 말한다,
나는 알고 싶지 않다고.

작자불명
—Unknown

6월 3일

Start by doing
the necessary,
then the possible,
and suddenly
you are doing
the impossible.

꼭 해야 하는 일부터 시작하라.
그 다음엔 할 수 있는 일을 하라.
그러다 보면 어느 순간
당신이 불가능하다고 생각했던 일을
해내고 있음을 알게 될 것이다.

아시시의 성 프란체스코
—St. Francis of Assisi

6월 4일

Don't worry about a thing
'cause every little thing is
gonna be all right.

아무 걱정 말아요.
모든 일이 다 잘 될 테니까요.

밥 말리, 〈세 마리의 작은 새〉 중에서
—Bob Marley

6월 5일

A bit of fragrance clings to the hand that gives flowers.

꽃을 건네주는 손에는 꽃향기가 남는다.

중국 속담
—Chinese proverb

6월 6일

Follow every rainbow, Till you find your dream.

모든 무지개를 따라가 보아라.
너의 꿈을 찾을 때까지.

로저스와 해머스타인, 〈사운드 오브 뮤직〉 중에서
—Rodgers and Hammerstein

6월 7일

Life moves forward.
If you keep looking back,
you won't be able to see
where you're going.

인생은 앞으로 나아간다.
자꾸만 뒤돌아본다면,
어디로 가는지 볼 수 없을 것이다.

찰스 캐럴
—Charles Carroll

6월 8일

The only person you are destined to become is the person you decide to be.

당신이 운명적으로 되어야 할
유일한 사람은
당신이 되고자 결정한 사람이다.

랄프 월도 에머슨
—Ralph Waldo Emerson

6월 9일

One of the secrets of life is that all that is really worth the doing is what we do for others.

인생의 가장 큰 비밀 중 하나는
우리가 타인을 위해서 하는 행위만이
진정한 가치가 있다는 사실이다.

루이스 캐럴
—Lewis Carroll

6월 10일

Whether you believe you can or believe you can't, you are absolutely right.

당신이 할 수 있다고 믿든 믿지 않든,
당신이 절대적으로 옳다.

헨리 포드
—Henry Ford

6월 11일

Fall seven times.
Stand up eight.

일곱 번 넘어지면
여덟 번 일어나라.

일본 속담
—Japanese proverb

6월 12일

The most beautiful thing
we can experience is
the mysterious. It is the
source of all true art
and science.

우리가 경험할 수 있는
가장 아름다운 것은 신비다.
신비는 모든 참된 예술과
과학의 원천이다.

알베르트 아인슈타인
——Albert Einstein

6월 13일

Be humble, for you are
made of earth.
Be noble, for you are
made of stars.

겸손하라,
당신은 흙으로 이루어진 존재니.
고결하라,
당신은 별로 이루어진 존재니.

세르비아 속담
—Serbian proverb

6월 14일

In a gentle way, you can shake the world.

온유한 방식으로도
우리는 세상을 뒤흔들 수 있습니다.

마하트마 간디
—Mahatma Gandhi

> **6월 15일**

We do not ask for what useful purpose the birds do sing, for song is their pleasure since they were created for singing. Similarly, we ought not to ask why the human mind troubles to fathom the secrets of the heavens. . . .

새가 왜 노래하는지 궁금해하는 사람은 없다.
새들은 노래하도록 만들어진 피조물이라,
노래함이 곧 기쁨이기 때문이다.
왜 인간이 하늘의 비밀을 헤아려 보려고
골머리를 썩이는지 궁금해할
필요가 없는 것도 이와 마찬가지다.

요하네스 케플러
—Johannes Kepler

6월 16일

네 인생은
내가 만드는 이야기야.
가서 써.

클레어

—Clare

6월 17일

Even if you don't win, listen to the small voice inside of you that says you are always a winner.

비록 이기지 못하더라도
당신은 언제나 승자라고 말하는
내면의 작은 목소리를 들어 보세요.

조쉬

—Josh

6월 18일

When we know how to read our own hearts, we acquire wisdom of the hearts of others.

자신의 마음을 읽는 법을 알 때,
다른 사람의 마음에 있는 지혜를
얻을 것이다.

드니 디드로
—Denis Diderot

6월 19일

Let me not pray to be sheltered from dangers but to be fearless in facing them.

위험으로부터 벗어나게 해 달라고
기도하지 말고
위험에 처해도 두려워하지 않게 해 달라고
기도하게 하소서.

라빈드라나트 타고르
—Rabindranath Tagore

6월 20일

Thank you to life that has
given me so much.
It's given me the strength
of my weary feet,
With which I have walked
through cities and puddles,
Beaches and deserts,
Mountains and plains. . . .

내게 이토록 많은 것을 선사해 준 삶에
감사합니다. 삶은 내 고단한 두 발을 걷게 할
힘을 주었으니, 나는 그 지친 두 발로
걸어갑니다. 도시와 물웅덩이로,
해변과 사막으로, 산과 평야로…

비올레타 파라, 〈삶에 감사하며〉 중에서
—Violeta Parra, "Gracias a la Vida"

6월 21일

The greatest danger for most of us is not that our aim is too high and we miss it, but that it is too low and we reach it.

대부분의 사람들에게 가장 큰 위험은
목표를 너무 높게 잡아 다다르지
못하는 것이 아니라, 목표를 너무 낮게 잡아
쉬이 도달하는 것이다.

미켈란젤로 부오나로티
—Michelangelo Buonarroti

6월 22일

He who travels has stories to tell.

여행하는 이에겐
들려줄 이야기가 있다.

게일 속담
—Gaelic proverb

6월 23일

Courage is found in
unlikely places.

용기는
뜻하지 않은 곳에서 얻어진다.

J. R. R. 톨킨
—J.R.R. Tolkien

> 6월 24일

Every day, in every way, I'm getting better and better.

나는 날마다 모든 면에서
점점 더 좋아지고 있다.

에밀 쿠에

—Émile Coué

6월 25일

Sail the ocean even when others stay on the shore.

다른 이들이 해안에 머물 때라도
바다를 항해하라.

엠마
—Emma

6월 26일

LIFE IS NOT COLORFUL.
LIFE IS COLORING

삶이란 화려한 게 아니다,
삶이란 하나씩
채색해 나가는 것이다,

파코
—Paco

6월 27일

The true secret of happiness lies in taking a genuine interest in all the details of daily life.

행복의 진정한 비밀은
일상의 모든 사소한 것에
진심어린 관심을 갖는 것이다.

윌리엄 모리스
—William Morris

6월 28일

How many things are looked upon as quite impossible until they have actually been effected?

실제로 달성되기도 전에
얼마나 많은 것들이
매우 불가능하게 여겨지던가?

가이우스 플리니우스 세쿤두스
—Pliny the Elder

6월 29일

Kindness is like snow. It beautifies everything it covers.

친절은 눈과 같아서
덮고 있는 모든 것을
아름답게 만들어 준다.

칼릴 지브란
—Kahlil Gibran

6월 30일

Every day
may not
be glorious,
but there's something
glorious in
every day.
Find the glory!

모든 날이 영광스럽지는 않을지 모르나,

모든 날에는 영광스러운 무언가가 있다.

그 영광을 찾으라!

칼렙

—Caleb

우리는 우주의 먼지다!

솔직히 말해서, 나는 여름방학 때 엽서 금언을 받는 게 얼마나 좋은지 모릅니다. 진짜 엽서로 오는 금언도 있습니다. 길게 편지에 적어서 보내는 학생들도 있고요. 이를테면 다음처럼요.

브라운 선생님께

제가 만든 금언입니다.
'다른 사람의 마음을 다치게 하지 않고 중학교를 마칠 수 있다면, 그야말로 쿨한 녀석이다.'
아주아주 멋진 여름을 보내고 계시기를 바라요! 저는 엄마와 함께 7월 4일에 어기네 가족이 있는 몬타우크로 놀러 갔어요! 어기네 가족은 바닷가에서 불꽃놀이를 했어요! 지붕에는 망원경까지 있었어요! 저는 밤마다 지붕으로 올라가 별을 바라보았어요! 혹시 제 꿈이 천문학자라는 말씀 드렸었나요? 저는 별자리를 모두 외우고 있답니다. 별에 대해서도 많이 알고요. 예를 들면, 별은 무엇으로 이루어지는지 아세요? 선생님은 선생님이니까 아실지 모르겠지만, 사실 모르는 사람이 많거든요. 하나의 별은 수소와 헬륨 가스로 이루어진 거대한 구름이나 마찬가지예요. 별은 나이가 들면 수축하기 시작하는데, 그러면서 온갖 물질을 만들어 냅니다. 그리고 그 모든 물질들이 아주 작아지면, 어디로 가지 못하고 폭발하면서 은하계로 산산이 뿌려져 우주의 먼지가 됩니다! 바로 그 먼지가 행성과 달과 산이 되는 거예요. 심지어는 우리 인간까지도요! 정말 굉장하지 않나요? 우리는 모두 우주의 먼지로 이루어진 존재랍니다!

서머 도슨 올림

그렇습니다, 나는 내 일을 너무도 사랑합니다. 서머와 같은 어린 학생들이 별을 향해 계속 손을 뻗는 한, 나는 그들을 응원하기 위해 이 자리를 지킬 생각입니다.

— 브라운 선생님이

7월

◇ 7월 1일 ◇

Practice random kindness and senseless acts of beauty.

엉뚱한 친절과
정신 나간 선행을 실천하라.

앤 허버트
—Anne Herbert

◇ **7월 2일** ◇

Don't be afraid to take
a big step. You can't cross
a chasm in two small jumps.

한 걸음 크게 옮기는 것을
두려워하지 말라.
깊은 구렁은 두 번의 짧은 뜀으로는
건널 수 없다.

데이비드 로이드 조지
—David Lloyd George

◇ **7월 3일** ◇

It is always easier to fight for one's principles than to live up to them.

자신의 원칙과 신념을 위해 싸우는 것이
그 원칙과 신념대로 사는 것보다 쉽다.

알프레드 아들러
—Alfred Adler

◇ **7월 4일** ◇

Great works are performed not by strength but by perseverance.

위대한 성과는 힘이 아닌 인내의 산물이다.

사무엘 존슨
—Samuel Johnson

◇ **7월 5일** ◇

Shoot for the moon, because even if you miss, you'll land among the stars.

달을 향해 쏴라.
설령 빗나가더라도
별은 맞힐 수 있을 테니까.

레스 브라운
—Les Brown

◇ **7월 6일** ◇

Life is not measured by the number of breaths we take, but by the moments that take our breath away.

인생은 우리가 숨 쉬는

횟수가 아니라,

숨 막힐 정도로

행복한 순간들로 평가된다.

작자불명

—Unknown

◇ **7월 7일** ◇

Greatness lies not in being strong, but in the right using of strength.

위대함은 강함에 있는 것이 아니라,
힘의 올바른 사용에 있다.

헨리 워드 비처
——Henry Ward Beecher

◇ **7월 8일** ◇

Shall we make a new rule
of life from tonight: always to
try to be a little kinder than
is necessary?

인생의 새로운 규칙을 만들어 봅시다.
언제나 필요 이상으로 친절하려고 노력하라.

제임스 매튜 배리
——J. M. Barrie

◇ 7월 9일 ◇

스스로에게 등불이 되어라.

부처
—Buddha

◇ **7월 10일** ◇

There's only one corner of the universe you can be certain of improving, and that's your own self.

우주에서 우리가 고칠 수 있는
유일한 한 가지는, 바로 우리 자신이다.

올더스 헉슬리
—Aldous Huxley

◇ **7월 11일** ◇

At the end of the game, pawns and kings go back into the same box.

게임이 끝나면, 왕이나 졸이나 똑같은 상자로 들어간다.

이탈리아 속담
—Italian proverb

◇ **7월 12일** ◇

To the world,
You are one person.
But to one person,
You may be the
WORLD!

세상에게 당신은
어떤 한 사람이겠지만
어떤 한 사람에게 당신은
온 세상일 수도 있습니다!

작자불명
—Unknown

◇ 7월 13일 ◇

Each of us has his own alphabet with which to create poetry.

우리는 저마다 시를 창조할 수 있는 자신만의 알파벳을 가지고 있다.

어빙 스톤
―Irving Stone

◇ **7월 14일** ◇

If something stands to be gained, nothing will be lost.

승리할 기회가 있다면,
지지 않겠다.

미겔 데 세르반테스
—Miguel de Cervantes

◇ **7월 15일** ◇

Determination is the wake-up call to the human will.

결심은 인간의 의지를 깨우는 모닝콜이다.

앤터니 로빈스
—Anthony Robbins

◇ 7월 16일 ◇

The sun'll come out tomorrow.

내일은 해가 뜰 거야.

영화 〈애니〉 중에서(마틴 샤닌)
——*Annie* (Martin Charnin)

◇ **7월 17일** ◇

Ride on! Rough-shod if need be, smooth-shod if that will do, but ride on! Ride on over all obstacles, and win the race!

달려라! 필요하다면 거칠게,
괜찮다면 부드럽게, 하지만 멈추지 말고
계속 달려라!
온갖 장애물을 넘어 달리고 달려
경주에서 이겨라!

찰스 디킨스
—Charles Dickens

◇ **7월 18일** ◇

The best things in life are not things.

인생에서
가장 가치 있는 것은
물질이 아니다.

지니 무어
—Ginny Moore

◇ **7월 19일** ◇

Tomorrow to fresh woods, and pastures new.

내일은 가 보지 않은 숲과
새로운 목초지로.

존 밀턴
—John Milton

◇ **7월 20일** ◇

If you want
to learn about
the world
go out in it.

세상을 배우고 싶다면
세상 속으로 나가세요.

메이
——Mae

◇ **7월 21일** ◇

You miss 100 percent of the shots you don't take.

시도조차 하지 않은 슛은 100% 빗나간 것과 마찬가지다.

웨인 그레츠키
—Wayne Gretzky

◇ **7월 22일** ◇

Remember there's
no such thing as a
small act of kindness.
Every act creates a ripple
with no logical end.

하찮은 친절이란 없다는
사실을 기억하세요.
모든 친절한 행동은 잔물결을 일으키며
끝없이 퍼져 나갑니다.

스콧 애덤스
—Scott Adams

◇ **7월 23일** ◇

SUCCESS
does not come through grades, degrees or distinctions. It comes through experiences that expand your belief in what is
POSSIBLE

성공은 성적이나 학위, 차별을 통해 얻어지지 않는다. 성공은 가능한 것에 대한 믿음을 넓히는 경험을 통해 이루어진다.

마테아
—Matea

◇ **7월 24일** ◇

Believe you can and you're halfway there.

할 수 있다고 믿으면
이미 반은 온 것이다.

시어도어 루스벨트
—Theodore Roosevelt

7월 25일

An age is called Dark not because the light fails to shine but because people fail to see it.

한 시대가 암흑의 시대라고
불리는 것은
빛이 비추지 않아서가 아니라,
사람들이 그 빛을 보지 못했기 때문이다.

제임스 미치너
—James Michener

◇ **7월 26일** ◇

There is no wealth but life.

삶이 없는 한 풍요도 없다.

존 러스킨
—John Ruskin

◇ **7월 27일** ◇

You're never
a loser until
you quit trying.

노력을 멈추지 않는 한
결코 패배자는 되지 않는다.

마이크 딧카
—Mike Ditka

◇ **7월 28일** ◇

Return to old watering holes for more than water; friends and dreams are there to meet you.

추억의 물웅덩이로 되돌아가라.
물뿐만 아니라 옛 친구와 꿈들이
그곳에서 당신을 기다릴 테니.

아프리카 속담
—African proverb

◇ **7월 29일** ◇

The beauty of a living thing is not the atoms that go into it, but the way those atoms are put together.

생명의 본질은 우리를 만들고 있는
원자들이나 단순한 분자들에
있는 게 아니라, 이 물질들이
결합되는 방식에 있다.

칼 세이건
—Carl Sagan

◇ 7월 30일 ◇

다른 사람의 삶에 햇살을
가져다 주는 사람은
스스로도 그 햇살을 피할 수 없다.

제임스 매튜 배리
—J. M. Barrie

◇ **7월 31일** ◇

We must be willing
to let go of the life
we have planned,
so as to have the life
that is waiting for us.

우리가 계획한 삶을 기꺼이
버릴 수 있을 때만이
우리를 기다리고 있는 삶을
맞이할 수 있다.

E. M. 포스터
—E. M. Forster

처음부터 다시 시작하기

가끔 사람들 때문에 깜짝 놀랄 때가 있습니다. 내가 잘 안다고 생각했던 이들이 생각지도 못한 행동을 할 때면, 인간의 마음이란 진정 얼마나 헤아리기 어려운지를 다시금 깨닫게 되지요. 그런 점에서 아이의 마음은 아직 미완성인지라, 아이들만큼 우리를 놀라게 하는 사람도 없습니다. 최근에 옛 제자 한 명과 이메일을 주고받으며 바로 이러한 경험을 했습니다. 5학년을 아주 잘 보내지는 못한 학생이었습니다. 주로 본인이 저지른 행동으로 인해서였지요. 잘못된 선택을 했으니까요. 한 친구를 괴롭혔는데, 마땅한 결과이긴 하나, 도리어 모든 아이들이 그 학생에게 등을 돌리게 되었습니다. 생각만큼 다른 아이가 자기처럼 속 좁은 반감을 갖고 있지 않았고, 혼자만 편견에 사로잡혀 있었다는 사실을 뒤늦게 깨달았지요.

그러나 나는 항상 이 학생에게 그보다는 조금 더 나은 면이 있다고 생각했습니다. 행동으로 보이는 것과는 달리, 그가 쓴 글에는 인정이 느껴졌습니다. 때로는 그런 글을 쓴 학생과 그렇게 밉살스러운 학생이 같은 소년이라는 걸 받아들이기가 힘

들기도 했습니다. 그래서 나는 그 학생에 대한 희망을 버리지 않았습니다. 때문에 여름방학 때 그 학생이 보낸 이메일을 받고 더할 나위 없이 기뻤습니다.

받는 사람 : tbrowne@beecherschool.edu
보내는 사람 : julianalbans@ezmail.com
제목 : 나의 금언

안녕하세요, 선생님! 방금 우편으로 제 금언을 보내 드렸어요. '때로는 처음부터 다시 시작하는 것이 좋다.' 괴물 석상이 있는 엽서예요. 제가 이 금언을 쓴 이유는 9월부터 새 학교로 옮기기 때문이에요. 저는 비처 사립학교를 싫어하게 되었어요. 친구들이 마음에 들지 않았거든요. 그렇지만 선생님들은 정말 좋아했어요. 특히 선생님 수업은 참 좋았던 것 같아요. 그러니 제가 다른 학교로 옮기는 이유가 선생님을 싫어해서라고 받아들이진 말아 주세요.

선생님이 전후 사정을 다 알고 계신지 모르겠지만, 간단히 말해서, 제가 학교로 돌아가지 않는 이유는…… 어, 이름을 대지는 않겠지만 제가 잘 지내지 못했던 어떤 학생 때문이에요. 사실은 한 명이 아니고 두 명이에요.(선생님도 짐작이 가실 거예요.

그중 한 명이 제 입에 주먹질을 했으니까요.) 아무튼 이 아이들은 제가 좋아한다고 하기는 좀 곤란한 아이들이에요. 우리는 서로 나쁜 쪽지를 쓰기 시작했어요. 반복해서 말씀드리지만 서로였어요. 쌍방향이었다구요! 그런데 혼난 사람은 바로 저예요! 저만! 정말 불공평해요! 사실, 교장 선생님은 엄마가 교장 선생님을 해고하려고 했다는 이유로 저한테 앙심을 품으셨어요. 아무튼 요약해서 말하면, 저는 그 쪽지를 썼다는 이유로 2주간의 정학 처분을 받았어요! (아무도 이 사실을 모르긴 하지만요. 비밀이니까 제발 다른 사람들한테는 말하지 말아 주세요.) 학교에서는 학교 폭력에 대해서는 '엄중한 처벌'을 원칙으로 하고 있다고 했어요. 그런데 저는 제가 한 행동이 학교 폭력이었다고 생각하지 않아요! 저희 부모님은 학교에 몹시 화가 나셨어요! 그래서 내년부터는 저를 다른 학교에 등록시키기로 하셨어요. 네, 그렇게 된 이야기예요.

그 '학생'이 비처 사립 중학교에 오지 않았더라면 얼마나 좋았을까요! 제 1년이 훨씬 더 즐거웠을 텐데! 저는 걔와 같은 수업을 듣는 게 싫었어요. 걔 때문에 악몽을 꾸었어요. 단약 걔가 없었다면 계속 비처 사립 중학교에 다닐 텐데. 정말 짜증나요.

그래도 선생님 수업은 정말 좋았어요. 선생님은 훌륭한 선생님이셨어요. 선생님이 그걸 꼭 아셨으면 좋겠어요.

받는 사람 : julianalbans@ezmail.com
보내는 사람 : tbrowne@beecherschool.edu
제목 : 나의 금언

 안녕, 줄리안. 이메일을 보내 줘서 고맙다! 괴물 석상 엽서가 빨리 도착했으면 좋겠구나. 네가 더 이상 우리 학교에 다니지 않는다는 소식을 듣고 정말 안타까웠다. 선생님은 늘 네가 훌륭한 학생이고 작문에 소질이 있다고 생각했다.
 그건 그렇고, 네 금언은 마음에 드는구나. 그렇단다, 때로는 처음부터 다시 시작하는 게 좋지. 새로운 출발은 우리에게 과거를 되돌아보고, 우리가 한 행동을 저울질해 보고, 그것을 통해 배운 바를 미래에 적용할 수 있는 기회를 준단다. 만약 과거를 찬찬히 되짚어 보지 않으면, 우리는 과거로부터 아무것도 배우지 못한단다.
 네가 좋아하지 않았다는 그 '아이들'이 누구를 말하는지 잘 알 것 같구나. 올 한 해가 너에게는 그리 유쾌한 해가 되지 못한 점, 참으로 안타깝다만, 스스로 그 이유를 자문해 볼 시간을 좀 갖길 바란다. 살다 보면 여러 가지 일이 일어나게 마련이고, 때로는 나쁜 일조차 스스로에게 조금은 가르침을 주기도 한단다. 네가 왜 그 두 학생과 그토록 힘든 시간을 보냈는지 생각해 본 적 있니? 혹시 두 사람의 우정이 마음에 들지 않았던 건 아니었을까? 어기의 외모 때문에 괴로웠니? 악몽을 꾸기 시작했다고 했지? 줄리안, 혹시 네가 어기를 좀 두려워했다는 생각은 해 본 적 없니? 두려움은 때때로 아주 착한 아이조차 평소에 하던 말이나 행동과는 다른 말과 행동을 하게 만들거든. 살다 보면 또다시 이러한 감정들을 경험해야만 할 순간이 오지 않을까?

줄리안, 아무튼 새 학교에서 잘 지내길 바란다. 너는 착한 아이란다. 타고난 리더지. 너의 리더십을 좋은 쪽으로 써야 한다는 사실을 꼭 기억하거라, 알겠지? 잊지 말거라. 항상 친절을 택하기를!

받는 사람 : tbrowne@beecherschool.edu
보내는 사람 : julianalbans@ezmail.com
제목 : 나의 금언

브라운 선생님, 답장해 주셔서 정말 감사합니다! 정말 너무 기분이 좋았어요! 선생님이 진정으로 저를 '이해해 주신' 것 같달까요. 그리고 제가 나쁜 아이가 아니라고 생각해 주셔서 기뻐요. 모두 저를 무슨 '악마 같은 아이'라고 여기는 것 같거든요. 선생님은 그렇지 않다는 걸 알게 돼서 기뻐요.

선생님 이메일을 읽기 시작하는데, 제가 싱글벙글 웃는 걸 보시고 할머니가 읽어 달라고 하셨어요. 할머니는 프랑스 분이세요. 저는 방학 동안 파리 할머니 댁에서 묵고 있어요. 그래서 제가 할머니한테 선생님 이메일을 읽어 드렸어요. 이메일을 다 읽고 나서 저는 할머니와 긴 대화를 나누게 되었어요. 할머니는 나이가 많으시지만 그런 건 잘 아는 편이세요. 할머니가 뭐라고 하셨는지 아세요? 할머니는 전적으로 선생님 말씀에 동감하셨어요! 할머니는 내가 좀 두려운 마음에 어기한테 못되게 군 것 같대요. 할머니와 이야기를 마치고 나서 두 분 말씀이 맞을지도 모른다는 생각이 들었어요. 제가 드렸던 악몽 얘기는 제가 어렸을 때 악몽을 꾸었다는 거예요. 야경증이요. 아무튼 한동안 악몽을 꾸지 않았는데, 교장실에서 어기를 처음 보고부터 다시 악몽을 꾸기 시작했어요. 너무 짜증이 났어요! 어기의 얼굴을 다시는 보고 싶지 않아서 학교에 가고 싶지가 않았어요!

어기가 비처 사립 중학교에 다니지 않았더라면 더 좋은 한 해를 보냈겠죠. 하지만 어기가 그렇게 생긴 게 어기의 잘못이 아니라는 건 저도 잘 알아요. 할머니가 어렸을 때 알고 지냈던 한 남자아이에 대한 긴 이야기를 저에게 들려 주셨는데 아이들이 그 아이를 못살게 굴었대요. 그 이야기를 들으니 그 남자아이가 안쓰러웠어요! 제가 어기한테 했던 말들을 생각하니 기분이 안 좋았어요.

그래서 저는 어기한테 짧은 편지를 썼어요. 그런데 제가 어기

주소를 몰라서 선생님한테 보내 드릴 테니까 선생님이 대신 전해 주실 수 있을까요? 우표 값이 얼마인지는 모르겠지만 제가 다 갚을게요. (참, 좋은 편지니까 걱정 마세요!)

다시 한 번 감사합니다, 브라운 선생님. 진심으로요. 고맙습니다!

받는 사람 : julianalbans@ezmail.com
보내는 사람 : tbrowne@beecherschool.edu
제목 : 자랑스럽구나!

줄리안, 네가 이 큰 걸음을 내딛었다는 사실에 선생님이 얼마나 자랑스러운지 말로 다할 수가 없구나! 편지를 보내 주면 내가 기꺼이 여기에게 보내 주마.(우표 값 걱정은 하지 말고.) 너는 정말 네 금언대로 살고 있는 것 같구나. 장하다, 줄리안!

사실, 두려움에 맞서는 건 쉬운 일이 아니란다. 인간이 맞서야 하는 가장 어려운 일 가운데 하나지. 두려움이란 항상 이성적인 게 아니기 때문이야. 두려움의 기원이 언제인지 아니? 자그마치 인류의 기원과 함께란다. 원시인으로 살 때부터 인간은 험한 세상에서 살아남기 위한 하나의 장치로 두려움을 만들어 냈단다. 독사와 독거미, 검치호랑이, 늑대. 감지되는 위험에 대한 본능적인 반응이 우리 안의 아드레날린을 촉발시키고, 그러면 우리는 그 감지된 위험에 맞서 더 빠르게 달아날 수 있거나, 더 잘 싸울 수가 있었지. 그것은 타고난 본능이란다, 줄리안. 두려움은 우리를 인간으로 만들어 주는 것들 가운데 하나지.

하지만 우리를 인간으로 만들어 주는 또 한 가지는 두려움을 다루는 우리의 능력이란다. 우리에겐 두려움에 맞설 수 있게 도와주는 다른 특성이 있단다. 두려움에도 불구하고 용감해지는 능력. 느낄 수 있는 능력. 친절해지는 능력. 두려움과 더불어, 이러한 특성들이 힘을 합해 우리를 더 나은 사람으로 만들어 준단다.

내년은 너에게 좋은 한 해가 될 거야, 줄리안. 선생님은 느낌이 있다. 너에 대한 믿음이 있어! 누구에게든 기회를 주거라. 그럼 너는 잘 지낼 거야. 행운을 빈다!

때로 아이들은 누구나 약간의 격려와 응원을 통해 자신도 몰랐던 자신의 본모습을 발견하게 됩니다. 제 덕분이라는 말은 아닙니다. 줄리안의 매우 현명하신 할머니가 바로 그러한 역할을 하셨지요. 중요한 건, 누구에게나 사연은 있습니다. 어떤 아이들과 함께하는 도전은 조급하게 굴지 말고 귀를 기울여 주는 것입니다.

— 브라운 선생님이

8월

8월 1일

That is the beginning of knowledge—
the discovery of something we do not understand.

모르는 것을 발견하는 순간,
앎이 시작된다.

프랭크 허버트
—Frank Herbert

8월 2일

Far away in the sunshine are
my highest aspirations.
I may not reach them, but
I can look up and see their
beauty, believe in them, and
try to follow where they lead.

저 먼 태양빛 속에 나의 지고한 열망이 있다.
그곳에 미칠 수는 없을지라도, 고개를 들어
내 열망의 아름다움을 바라보며,
그곳에 도달할 수 있으리란 믿음으로,
그 열망이 이끄는 대로 따라가려 노력해 본다.

루이자 메이 올컷
―Louisa May Alcott

8월 3일

Just as there is no loss of basic energy in the universe, so no thought or action is without its effects, present or ultimate, seen or unseen, felt or unfelt.

우주의 모든 에너지는 그냥 사라지지 않는다.
마찬가지로 우리의 모든 사고나 행동도
직접적이든 간접적이든, 보이든 보이지 않든,
감지되든 그렇지 않든 분명한 영향을 남긴다.

노만 커즌스
—Norman Cousins

8월 4일

I am part of all that I have met.

나는 내가 마주친
모든 경험의 일부이다.

알프레드 테니슨 경
—Alfred, Lord Tennyson

8월 5일

Do not seek to follow in the footsteps of the wise. Seek what they sought.

현자의 행적을
그저 따라하기보다는
그들이 찾고자 하는 것을
찾으시오.

마쓰오 바쇼
—Matsuo Bashō

8월 6일

Courage doesn't always roar. Sometimes courage is the quiet voice at the end of the day saying, "I will try again tomorrow."

용기는 항상 포효하지 않습니다.
때로는 하루의 끝에서
"내일 다시 시도해 보자."라고 말하는
작은 목소리일 때도 있습니다.

메리 앤 래드마커
—Mary Anne Radmacher

8월 7일

The more I wonder, the more I love.

궁금해질수록
더 사랑하게 된다.

앨리스 워커
—Alice Walker

8월 8일

You can never
cross the ocean
unless you have
the courage
to lose sight of
the shore.

해안이 시야에서 사라지는 것을
감당할 용기를 내지 못하면
절대 바다를 건널 수 없다.

앙드레 지드
—André Gide

8월 9일

One of the most essential prerequisites to happiness is unbounded tolerance.

행복에 가장 필수적인 전제조건 중 하나는 무한한 관용이다.

A. C. 파이필드
—A. C. Fifield

8월 10일

You don't get
모든 사람이
harmony when
같은 음을 낸다면
everyone
화음은
sings the
이루어지지
same note.
않는다.

―Doug Floyd
더그 플로이드

8월 11일

ALWAYS BE ON THE LOOKOUT FOR THE PRESENCE OF WONDER.

우리는 호시탐탐
기적을 노려야 한다.

E. B. 화이트
—E. B. White

8월 12일

Life is not meant to be easy,
my child; but take courage:
it can be delightful.

애야, 인생은 결코 쉬운 게 아니란다.
하지만 배짱을 가지면 희열이 넘치게 되지.

조지 버나드 쇼
—George Bernard Shaw

8월 13일

I cannot do all the good that the world needs, but the world needs all the good that I can do.

세상이 필요로 하는 선행을
내가 다 할 수는 없지만,
세상은 내가 할 수 있는 모든 선행을
필요로 한다.

자나 스탠필드
—Jana Stanfield

8월 14일

친절하게 하던 일
계속하라.

작자불명
—Unknown

8월 15일

The splendid achievements
of the intellect, like the soul,
are everlasting.

지성으로 이룬 훌륭한 업적은
영혼처럼 영원하다.

살루스티우스
—Sallust

8월 16일

The sage has
one advantage:
He is immortal.
If this is not his
century, many
others will be.

지혜로운 철학자에게는
한 가지 장점이 있다.
그는 불멸의 존재이다.
만일 이 시대가 그에게 맞지 않는다면
앞으로 그에게 맞는 다른 시대가
많이 있을 것이다.

발타사르 그라시안
—Baltasar Gracián

8월 17일

THE THINGS THAT MAKE ME DIFFERENT ARE THE THINGS THAT MAKE ME **ME**.

나를 남과 다르게 만드는 것들이 바로 지금의 **나를** 만드는 거야.

피글렛(앨런 알렉산더 밀른)
—Piglet (A. A. Milne)

8월 18일

We measure minds by their stature; it would be better to estimate them by their beauty.

우리는 명성으로 사람을 평가합니다.
그보다는 그가 지닌 아름다움으로
판단하는 것이 더 나을 것입니다.

조제프 주베르
—Joseph Joubert

8월 19일

It always seems impossible until it is done.

모든 일은 끝날 때까지 다 불가능해 보이기 마련이다.

넬슨 만델라
—Nelson Mandela

8월 20일

A wise man can learn more from a foolish question than a fool can learn from a wise answer.

현명한 사람은 바보 같은 질문에서도
어리석은 자가 현명한 대답에서
배우는 것보다
더 많은 것을 배울 수 있다.

이소룡
——Bruce Lee

8월 21일

If you want to go quickly, go alone. If you want to go far, go together.

빨리 가려면 혼자 가고,
멀리 가려면 함께 가라.

아프리카 속담
—African proverb

8월 22일

A STUMBLE MAY PREVENT A FALL.

비틀거리는 것은 넘어지는 것을 막을 수도 있다.

영국 속담
——English proverb

8월 23일

Whatever is worth doing at all
is worth doing well.

무슨 일이든 할 가치가 있으면,
잘할 가치가 있는 것이다.

필립 체스터필드
——Philip Dormer Stanhope

8월 24일

Yesternight the sun went hence, And yet is here today.

간밤에 태양은 여기서 떠나갔으되,
오늘 이곳에 다시 와 있소.

존 던
—John Donne

8월 25일

Kindness, like a boomerang,
always returns.

친절은 부메랑처럼 언제나
되돌아온다.

작자불명
—Unknown

8월 26일

Just keep swimming no matter how hard the current.

물결이 아무리 거셀지라도
계속해서 헤엄치세요.

에바
—Ava

8월 27일

Wisdom is like a baobab tree: No one person can embrace it, but a tribe can.

지혜는 바오바브나무와 같다.
혼자서는 아무도 품을 수 없으나,
온 부족이 함께라면 품을 수 있다.

아프리카 속담
—African proverb

8월 28일

The butterfly counts not months but moments, and has time enough.

한 달씩 셈하지 않고,
순간을 헤아리는
나비의 시간은 길다.

라빈드라나트 타고르
—Rabindranath Tagore

8월 29일

A good name will shine forever.

좋은 명성은
영원히 빛날 것이다.

아프리카 속담
—African proverb

8월 30일

Very little is needed to make a happy life.

행복한 삶을
살기 위해
필요한 것은
거의 없다.

마르쿠스 아우렐리우스
—Marcus Aurelius

8월 31일

Nothing in Nature is unbeautiful.

자연 속에 있는 것치고
아름답지 않은 것이란 없다.

알프레드 테니슨 경
—Alfred, Lord Tennyson

반짝이

친절은 반짝이처럼 사람에게서 사람으로 퍼져 나갈 수 있습니다. 학교에서 종류를 불문하고 미술 작품에 반짝이를 써본 경험이 있는 사람이라면 내 말 뜻을 정확히 알 겁니다. 반짝이는 완전히 털어 낼 수가 없습니다. 다른 사람 몸에도 묻게 됩니다. 털어 내고 남은 반짝이가 며칠 동안 붙어 있기도 하고요. 또 작은 반짝이 하나를 발견하면, 없어진 게 100개는 더 되려니 생각하기 마련입니다. 그런데 그 반짝이들은 어디로 갔을까요? 그 모든 반짝이는 어떻게 됐을까요?

작년에 우리 반에 어거스트라는 남학생이 있었습니다. 아주 특별한 학생이었는데 얼굴 때문은 아니었습니다. 나의(그리고 주변의 많은 사람들의) 마음을 사로잡은 것은 바로 그가 지닌 불굴의 정신이었습니다. 작년 한 해는 어기에게 매우 성공적이었습니다. 나는 그 점이 매우 기뻤습니다. 5학년 한 해를 해피엔딩으로 끝냈다고 해서 어기에게 평생토록 행복이 보장될 거라고 믿을 만큼 순진한 사람은 아닙니다. 앞으로도 어기에게는 감당하기 힘든 도전들이 찾아오겠지요. 하지만 어기의 영광스러운 한 해를 통해 내가 알게 된 사실은 이렇습니다. 어기는 아름다운 일생을 살게 될 겁니다. 내가 예상한 바로는 그렇습니다. 얼마 전 나는 어기로부터 이 예상을 입증할 만한 이메일을 받았습니다.

받는 사람 : tbrowne@beecherschool.edu
보내는 사람 : apullman@beecherschool.edu
제목 : 엽서

안녕하세요, 브라운 선생님! 오랜만에 인사드려요!
여름방학 잘 보내고 계시죠? 지난달에 제가 금언을 보내 드렸는데, 잘 받으셨길 바라요. 아주 큰 물고기가 있는 엽서예요. 몬타우크에서 보낸.
줄리안의 쪽지를 편지로 보내 주셔서 감사하다는 말씀을 드리고 싶어서요. 우아, 진짜 상상도 못 했어요! 선생님이 보낸 편지를 열어 보고 이랬거든요. 이 봉투는 또 뭐지? 그러다 봉투를 열고 글씨체를 봤죠. 그땐 또 이랬어요. 말도 안 돼. 줄리안이 또 나한테 못된 쪽지를 보낸 건가? 선생님은 잘 모르시겠지만 작년에 줄리안이 제 사물함에 진짜 못된 쪽지들을 남겼거든요. 그런데 알고 보니 이 쪽지는 못된 쪽지가 아니었어요! 사과의 쪽지였어요! 믿어지세요? 밀봉이 되어 있어서 선생님은 읽지 못하셨겠지만 이렇게 적혀 있었어요.

어기에게
작년에 너에게 한 행동을 사과하고 싶어. 그동안 생각 많이 했어. 너는 그런 일을 당할 아이가 아니었어. 돌이킬 수만 있다면 얼마나 좋을까. 그럼 너에게 더 잘해 줄 텐데. 네가 일흔 살이 됐을 때 내가 얼마나 못된 아이였는지 기억하지 않았으면 좋겠다. 평생토록 잘 살기를.

— 줄리안으로부터

추신 : 그 쪽지에 대해 교장 선생님한테 이른 사람이 너라면, 걱정 마. 너를 탓할 생각이 없으니까.

이 쪽지를 보고 아직도 놀란 마음이 가라앉지 않아요. 그런데 교장 선생님한테 이른 사람이 저라고 하는 건 잘못 알고 있는 거예요. 저는(서머도 잭도) 아니었어요. 어쩌면 교장 선생님한테 정말 학교 안에서 우리가 하는 모든 일을 추적하는 극소형 스파이 위성이 있는지도 몰라요! 어쩌면 저를 지켜보고 계실지도요. 바로 지금도! 혹시 듣고 계시다면요, 교장 선생님, 즐거운 여름 보내시길 바랍니다! 아무튼 알다가도 모를 게 사람인 것 같아요!

받는 사람 : apullman@beecherschool.edu

보내는 사람 : tbrowne@beecherschool.edu

제목 : 엽서

안녕, 어기.(그리고 혹시 듣고 계시다면 안녕하세요, 교장 선생님.) 아무튼 줄리안과 잘 마무리를 지었다니 나 역시 너무 기쁜 마음에 짧게라도 편지를 보내고 싶었단다. 줄리안 때문에 힘들었던 시간은 무엇으로도 보상받긴 힘들겠지만, 네 덕분에 줄리안이 인간으로서 성장했다는 사실을 알았으니 분명 만족감은 있을 거야. 네 말이 옳다. 알다가도 모를 게 사람이란다. 다음 달에 보자!

받는 사람 : tbrowne@beecherschool.edu

보내는 사람 : apullman@beecherschool.edu

제목 : 진실이 밝혀졌나요?

네, 맞아요. 정말 모르겠어요! 엄마한테 줄리안이 보낸 쪽지를 보여 드렸더니 기절할 뻔 하셨어요. "놀라운 일의 연속이로구나!" 하고 말씀하시면서요. 잭한테도 말했더니, 잭은 이랬어요. "너 그 엽서에 독 묻었나 확인해 봤어?" 잭이 원래 그렇잖아요.

그런데 농담이 아니라, 무슨 일을 계기로 줄리안이 사과의 글을 쓰게 됐는지는 몰라도 정말 고마웠어요. 여전히 모르겠는 건 이 거예요. 교장 선생님한테 쪽지 이야기를 전한 사람은 과연 누구 일까? 혹시 선생님이세요?

  받는 사람 : apullman@beecherschool.edu
  보내는 사람 : tbrowne@beecherschool.edu
  제목 : 진실이 밝혀졌나요?

  하! 맹세코 선생님은 아니야. 선생님은 그런 끔찍한 쪽지가 있는지도 몰랐거든! 아마도 절대 풀리지 않는 수수께끼 중 하나인 것 같구나!

  받는 사람 : tbrowne@beecherschool.edu
  보내는 사람 : apullman@beecherschool.edu
  제목 : 진실이 밝혀졌나요?

  반짝이에 대한 한 가지 사실 : 한 번 병에서 나오면 절대로 다시 담을 수 없다. 친절도 마찬가지입니다. 일단 우리의 마음

밖으로 흘러나오면 다시 담을 길이 없지요. 그저 계속해서 사람에게서 사람으로 퍼뜨리는 수밖에요. 빛나고 반짝이고 훌륭한 일들을 말이죠.

— 브라운 선생님이

9월

— 9월 1일 —

When given the choice between being right or being kind, choose kind.

만약 옳음과 친절 가운데
하나를 선택해야 한다면,
친절을 택하라.

웨인 다이어 박사
—Dr. Wayne W. Dyer

— 9월 2일 —

Begin, be bold, and venture to be wise.

시작하라, 담대하라,
그리고 감히 현명하여라.

호라티우스
—Horace

— 9월 3일 —

The wisest men follow their own course.

가장 현명한 사람은
자신만의 방향을 따른다.

에우리피데스
—Euripides

— **9월 4일** —

Life isn't about finding yourself. Life is about creating yourself.

인생은 자신을 찾는 것이 아니라
자신을 만들어 가는 것이다.

조지 버나드 쇼
—George Bernard Shaw

— **9월 5일** —

Beauty is not in the face; beauty is a light in the heart.

아름다움은 얼굴에 있지 않다.
아름다움이란 마음속의 빛이다.

칼릴 지브란
—Kahlil Gibran

— **9월 6일** —

The secret of getting things done is to act!

일을 처리하는 비결은
행동하는 것이다!

단테 알리기에리
—Dante Alighieri

— **9월 7일** —

Accept what you can't change. Change what you can't accept.

바꿀 수 없는 것을 받아들여라.
받아들이지 못하는 것을 바꿔라.

작자불명
—Unknown

9월 8일

You can't have a rainbow  without a little bit of Rain

비가 내리지 않으면
무지개도 없다.

작자불명
—Unknown

— **9월 9일** —

An act of kindness never dies,
but extends the invisible
undulations of its influence
over the breadth of centuries.

친절의 행위는 결코 사라지지 않고,
친절이 남긴 영향력의 보이지 않는 물결은
수세기에 걸쳐 퍼져 나간다.

파베르 신부
—Father Faber

— 9월 10일 —

If there is no struggle, there is no progress.

투쟁이 없으면 발전도 없다.

프레더릭 더글러스
—Frederick Douglass

— 9월 11일 —

Every hour of the light and DARK is a miracle.

밝거나 어둡거나
모든 시간이 기적이니.

월트 휘트먼
——Walt Whitman

— **9월 12일** —

Never hesitate to tell the truth. And never, ever give in or give up.

진실을 말하기를 주저하지 말아 주십시오.
또한 결코 굴복하거나
포기하지도 말아 주십시오.

벨라 앱저그
—Bella Abzug

— **9월 13일** —

> Find beauty in the world,
> and the world will
> find beauty in you.

세상 속에서 아름다움을 발견하세요.
그러면 세상이 여러분에게서 아름다움을
발견하게 될 것입니다.

조이
—Zöe

— 9월 14일 —

Sometimes rejection in life is really redirection.

때로 인생에서의 거절은
삶의 방향 전환이다.

태비스 스마일리
—Tavis Smiley

9월 15일

I don't believe you have to be
better than everybody else.
I believe you have to be better
than you thought you could be.

나는 당신이 남들보다
잘해야 한다고 믿지 않는다.
다만 당신이 생각했던 것보다는
잘해야 한다고 믿는다.

켄 벤추리
—Ken Venturi

— **9월 16일** —

Being nice is being cool !

착한 것은 쿨한 것이다!

알렉시스
—Alexis

— 9월 17일 —

What is a friend?
A single soul dwelling
in two bodies.

친구란 무엇인가?
친구란 두 개의 몸에 깃든
하나의 영혼이다.

아리스토텔레스
—Aristotle

— **9월 18일** —

Sometimes the questions are complicated but the answers are simple.

때로는 질문은 복잡해도
그 답은 간단하다.

닥터 수스
—Dr. Seuss

— **9월 19일** —

You are a conductor of light.

자네는 스스로 빛을 내지는 않을지 모르지만,
빛을 전달해 주는 능력이 있지.

아서 코난 도일 경
—Sir Arthur Conan Doyle

— 9월 20일 —

Knowledge is love and light and vision.

지식은 사랑이요, 빛이며,
통찰력이다.

헬렌 켈러
—Helen Keller

— **9월 21일** —

Strong people don't put others down. They lift them up.

강인한 사람은
남을 깎아내리지 않습니다.
오히려 높이 올려 줍니다.

마이클 P. 왓슨
——Michael P. Watson

— **9월 22일** —

To him whose elastic and vigorous
thought keeps pace with the sun, the
day is a perpetual morning.

융통성 있고 활기찬 생각으로
태양을 따라가는 사람의
하루는 늘 아침이다.

헨리 데이비드 소로
—Henry David Thoreau

— **9월 23일** —

I believe that unarmed truth
and unconditional love will
have the final word.

나는 비폭력의 진리와 무조건적인 사랑이야말로
진실로 최후의 복음임을 믿습니다.

마틴 루터 킹
—Martin Luther King, Jr.

— **9월 24일** —

Treat others how you want to be treated.

대접받고 싶은 대로
남을 대접하라.

속담

——Proverb

— 9월 25일 —

Nothing happens unless first a dream.

먼저 꿈꾸지 않는다면
그 어떤 일도 일어나지 않습니다.

칼 샌드버그
—Carl Sandburg

― **9월 26일** ―

최선을 다하는 것이
당신이 할 수 있는 최선입니다.

라일리
―Riley

— 9월 27일 —

Come forth into the light of things. Let Nature be your teacher.

빛 속으로 나와서, 자연이
그대의 스승이 되게 하라.

윌리엄 워즈워스
—William Wordsworth

— **9월 28일** —

Ah! the immensity of the
value of persons to each other,
and of kind deeds and
affectionate inventions
between them, for the
making of happiness!

아, 사람은 서로가 서로에게
더할 수 없이 소중하며,
사람과 사람 사이의 친절한 행동과
애정 어린 발견이야말로
행복한 삶을 위해 더없이 소중합니다!

제임스 빌라 블레이크, 『친족보다 가까운』 중에서
—James Vila Blake, *More Than Kin*

— 9월 29일 —

You are your own little light, shine bright so everyone can see.

당신은 당신만의 작은 빛,
밝게 빛나라, 모두가 볼 수 있게.

엘리자베스
—Elizabeth

— **9월 30일** —

There are always flowers
for those who want to
see them.

꽃을 보고자 하는 사람에겐
어디에나 꽃이 피어 있다.

앙리 마티스
—Henri Matisse

친절을 선택하기

나는 항상 좋은 가르침이란 빛과 같다고 생각했습니다. 물론, 우리는 아이들에게 모르는 것을 가르쳐 주지만, 많은 경우, 아이들이 이미 알고 있는 것들에 그저 빛을 비춰 줄 뿐이지요. 5학년에서는 그런 일들이 많이 일어납니다. 아이들은 책 읽는 법을 이미 알고 있지만, 나는 아이들이 책읽기를 사랑하게 만들려고 노력 중입니다. 아이들은 이미 글 쓰는 법을 알고 있지만, 나는 아이들이 자기 자신을 더 잘 표현하도록 격려해 주려고 노력 중입니다. 두 경우 모두, 아이들은 필요한 재료를 자기 안에 이미 가지고 있습니다. 나는 그저 아이들을 조금 더 인도해 주고, 조금 더 이해를 도와주기 위해 자리를 지킬 뿐이지요. 빛을 비추기 위해서요.

해마다 '친절을 선택하기'를 주제로 한 웨인 다이어 박사의 금언으로 한 해를 시작하는 걸 좋아하는 이유 중의 하나가 바로 그것입니다. 누구나 중학교는 처음입니다. 많은 아이들이 서로를 알지 못합니다. 나는 이 금언이 앞으로 다가올 많은 것에 대한 선제공격이라고 생각합니다. 마음의 시작이라고나 할까요. 나는 친절이라는 작은 개념을 심어 줍니다. 최소한 마음속에 자리할 수 있게, 친절이라는 어린 나무가 마음속에 잘 자리를 잡도록 말이죠. 그 어린 나무는 뿌리를 내릴까요? 꽃을 피울까요? 그건 아무도 모릅니다. 하지만 결과야 어떻든 나는 내 할 일을 했을 뿐입니다.

만약 옳음과 친절 가운데 하나를 선택해야 한다면, 친절을 택하라.
― 웨인 다이어 박사

내가 이 특별한 인용구를 소개하면 보통 며칠에 걸쳐 토론이 벌어집니다. 나는 종종 일반적인 설문으로 금언에 대한 대화를 시작합니다. 이 금언이 마음에 드나요? 여러분이 인생을 사는 데 적용이 되는 말인가요? 이 금언이 무엇을 의미한다고 생각하나요?

그런 다음 이 금언의 분명한 이로움에 대해 이야기를 시작합니다. 나는 학생들에게 묻습니다. 만약 모든 사람이 이 말을 삶의 금언으로 받아들인다면, 세상은 더 나은 곳이 되지 않을까요? 모든 나라가 이것을 하나의 의무로 채택한다고 상상해 보십시오. 나라 사이의 갈등은 줄어들까요? 몇몇 아이들은 고개를 끄덕입니다. 모든 나라가 옳음 대신 친절을 선택한다면 세계의 기아가 끝날지도 모르겠다는 말과 함께요. 반대로 어떤 아이들은 부자가 된다는 것은 옳은 것과 아무런 상관이 없다고 주장하기도 합니다.

학생들에게 이렇게 물어보기도 합니다. 내가 옳고 다른 사람은 틀렸다는 걸 안다면, 엄마나 아빠, 형제자매와 말다툼이 벌어질 경우 내 의견을 굽히는 쪽을 선택하는 게 힘들지 않겠냐고 말이죠. 단지 상대방의 체면을 지켜 주기 위해 나의 생각을 굽히게 될까요? 왜죠? 왜 그렇지 못하죠? 이 지점에 이르면 종종 토론의 분위기는 매우 고조됩니다!

친절을 택한다는 것은 그렇게 간단한 일이 아닙니다. 여러분이 사랑하는 누군가와의 친구라고 치죠. 싸움에서 한발 물러나는 건 사실 조금 다른 이야기입니다. 친구의 감정을 상하게 하면서까지 그 싸움에서 '이긴다'는 게 무슨 의미가 있을까 생각하기 때문이죠. 하지만 만약 세상 모든 사람이 믿지 않는 사실을 여러분만 믿고 있다면요? 여러분이 옳다는 걸 아는 유일한 사람이 여러분 자신밖에 없다면요? 단지 친절하기 위해 생각을 굽혀야만 할까요? 만약 여러분이 갈릴레이고 행성이 태양 주위를 돈다는 사실을 여러분은 알고 있지만 세상 사람 모두가 미쳤다고 손가락질 한다면, 여러분은 그 주장을 굽힐 건가요? 만약 여러분이 1950년대에 살고 있고 인종차별 정책에 반대하는데, 그저 예의를 지키기 위해 그 뜻을 굽힐 건

가요? 여러분이 믿는 무언가를 지지하고 지켜 내야만 하는데, 단지 친절을 위해 진정 신념을 버릴 수 있을까요? 아닙니다! 여러분은 일어나 싸울 겁니다, 그렇죠?

 이런 모든 이야기를 나누고 나면 이 금언이 정말 좋은 금언인지 의문을 갖는 아이들도 생깁니다. 이때 내가 항상 강조하는 부분이 있습니다. 이 금언에서 가장 중요한 낱말은 '친절'이나 '옳음'에 있지 않을지도 모른다고 말이죠. 어쩌면 문장 속에서 가장 중요한 낱말은 '선택'일 수도 있다고요. 여러분에게는 선택권이 있습니다. 여러분은 무엇을 선택할 건가요?

 여러분, 앞서 말했듯이 내가 할 일은 여러분의 마음속에 그 개념을 심어 주는 것입니다. 시작. 일단 그 씨앗이 심어지면 그 씨앗에 계속해서 작은 빛을 쐬어 주도록 노력하는 수밖에요. 그리고 그 씨앗이 자라는 것을 지켜보지요. 때가 되면 여러분은 스스로 빛을 내기 시작할 테죠. 그때가 되면…… 기다려라, 세상아!

— 브라운 선생님이

10월

▶ **10월 1일** ◀

Your deeds are
your monuments.

우리가 행한 행동이
곧 우리의 묘비이다.

이집트인의 무덤에 새겨진 비문
—Inscription on an Egyptian tomb

▶ **10월 2일** ◀

I do not believe in a fate that falls on men however they act; but I do believe in a fate that falls on them unless they act.

나는 어떻게 행동하던 운명이
결정해 줄 것이라는 생각은 믿지 않는다.
하지만 어떤 행동도 하지 않을 때에
결정되는 운명은 믿는다.

G. K. 체스터턴
—G. K. Chesterton

▶ **10월 3일** ◀

It is better to be in the dark with a friend than to be in the light without one.

환한 곳에 혼자 있는 것보다

어둠 속에 친구와 함께 있는 게 더 좋다.

존

—John

▶ **10월 4일** ◀

What you do every day matters more than what you do every once in a while.

매일 꾸준히 하는 무언가가
어쩌다 한 번 하는 일보다 더 중요하다.

작자불명
—Unknown

▶ 10월 5일 ◀

Don't cry
because it's
끝났다고
OVER,
울지 말고,
그 시간을 SMILE
떠올리며 because
웃어라.
IT happened.

닥터 수스
—Dr. Seuss

▶ **10월 6일** ◀

Be bold enough to use your
voice, brave enough to listen
to your heart, and strong
enough to live the life
you've always imagined.

네 목소리를 낼 만큼 대담해져라.
네 마음의 소리를 들을 수 있을 만큼
용감해져라. 그리고
네가 늘 꿈꾸던 삶을
살아갈 수 있을 만큼 강해져라.

작자불명
—Unknown

▶ 10월 7일 ◀

Great opportunities to help others seldom come, but small ones surround us every day.

거창하게 남을 도울 기회는 흔치 않지만,
작은 기회들은 언제나 우리 곁에 있다

샐리 코흐
—Sally Koch

▶ 10월 8일 ◀

INVITE OTHERS TO WONDER WITH YOU.

당신과 함께 궁금해할
다른 사람들을 초대해라.

오스틴 클레온, 『훔쳐라, 아티스트처럼』 중에서
—Austin Kleon, *Steal Like an Artist*

▶ **10월 9일** ◀

Kindness is the golden chain by which society is bound together.

친절은
사회를 함께 묶어 주는
황금 사슬이다.

요한 볼프강 폰 괴테
—Johann Wolfgang von Goethe

▶ **10월 10일** ◀

If you can't change your fate, change your attitude.

운명을 바꿀 수 없다면, 태도를 바꿔라.

에이미 탠
——Amy Tan

▶ **10월 11일** ◀

Rise above the little things.

소소한 일에 초연해져라.

존 버로스
—John Burroughs

▶ **10월 12일** ◀

Inward happiness almost always follows a kind action.

내면의 행복은 거의 언제나
친절한 행동을 따르기 마련이다.

파베르 신부
——Father Faber

▶ **10월 13일** ◀

I ask not for a lighter burden, but for broader shoulders.

내가 바라는 것은 더 가벼운 짐이 아니라
더 건장한 어깨이다.

유대인 속담
—Jewish proverb

▶ **10월 14일** ◀

Be yourself, you will not get a second chance to.

너 자신이 되어라.
두 번의 기회는 없을 테니까.

다니엘
—Daniel

10월 15일

Love truth, but pardon error.

진실을 사랑하고
실수를 용서하라.

볼테르
—Voltaire

▶ **10월 16일** ◀

What makes night within us may leave stars.

우리의 마음에 깜깜한 밤이 드리울지라도,
희망의 별은 떠오른다.

빅토르 위고

—Victor Hugo

▶ **10월 17일** ◀

Normal is a setting on a washing machine.

표준이란 단지
세탁기의 설정일 뿐이다.

작자불명
—Unknown

▶ 10월 18일 ◀

The best angle from which to approach any problem is the try-angle.

어떤 문제든
접근하기 가장 좋은 각도는
시도이다.

작자불명
—Unknown

▶ **10월 19일** ◀

Don't choose the one who is beautiful to the world. But rather, choose the one who makes your world beautiful.

세상에 아름다운 사람을 선택하기보다는
세상을 아름답게 만드는 사람을 선택하라.

해리 스타일스
—Harry Styles

▶ **10월 20일** ◀

Seek not,
my soul,
immortal life,
but make the
most of what is
within thy reach.

나의 영혼이여,
영생을 구하지 말되,
너에게 있는 것을
최대한 활용하라.

편다로스
—Pindar

▶ **10월 21일** ◀

We make our world significant by the courage of our questions and the depth of our answers.

질문의 대담함과 그 답의 깊이가
세상을 의미 있게 만든다.

칼 세이건
—Carl Sagan

▶ 10월 22일 ◀

Fashion your life as a garden of beautiful deeds.

당신의 삶을 아름다운 행위의 정원으로 가꾸어 보세요.

작자불명
—Unknown

▶ **10월 23일** ◀

Be kind, for everyone you meet is fighting a hard battle.

친절하라,
당신이 만나는
모든 이들은
힘든 싸움을 하며
살아가고 있을 터이니.

이안 매클레런
—Ian Maclaren

▶ **10월 24일** ◀

The soul aids the body, and at certain moments, raises it. It is the only bird which bears up its own cage.

영혼은 육체를 거들며,
또 어떤 때에는 그것을 일으켜 세운다.
새장을 지탱하는 것은 오직 그 새일 뿐이다.

빅토르 위고
―Victor Hugo

10월 25일

Everything has its wonders, even darkness and silence, and I learn, whatever state I am in, therein to be content.

모든 것에는 나름의 경이로움과, 심지어 어둠과 침묵이 있기 마련이며, 내가 어떤 상태에 있더라도 나는 그 속에서 만족하는 법을 배운다.

헬렌 켈러
—Helen Keller

▶ **10월 26일** ◀

It is only with the heart that one can see rightly; what is essential is invisible to the eye.

사람은 오로지 가슴으로만
올바로 볼 수 있다.
본질적인 것은 눈에 보이지 않는다.

앙트안 드 생텍쥐페리
—Antoine de Saint Exupéry

▶ **10월 27일** ◀

Even the darkest hour has only sixty minutes.

아무리 괴로운 시간이라 해도
한 시간은 60분을 넘지 않는다.

모리스 만델
—Morris Mandel

▶ **10월 28일** ◀

The mind is everything. What you think you become.

마음이 전부다.
당신이 어떤 사람이
되느냐는
마음에 달렸다.

작자불명
—Unknown

▶ 10월 29일 ◀

Constant kindness can accomplish much. As the sun makes ice melt, kindness causes misunderstanding, mistrust, and hostility to evaporate.

지속적인 친절은 많은 일을 해낼 수 있다.
태양이 얼음을 녹이듯, 친절은 오해와 불신,
적대감을 사라지게 만든다.

알베르트 슈바이처
—Albert Schweitzer

▶ 10월 30일 ◀

Find out what your gift is, and nurture it.

나만의 재능을 찾아
쑥쑥 키우세요.

케이티 페리
—Katy Perry

▶ 10월 31일 ◀

The way to have a friend is to be a friend.

친구를 얻는 유일한 방법은
친구가 되는 것이다.

휴 블랙
—Hugh Black

개코원숭이와 인간

몇 년 전, 스무 해에 걸쳐 한 무리의 개코원숭이를 연구한 두 명의 생물학자에 대한 글을 읽었습니다. 무리의 우두머리 수컷 개코원숭이들은 공격성이 매우 강해서 같은 무리의 암컷은 물론 힘없는 수컷들을 일상적으로 공격하고 괴롭히며 먹이에 접근할 기회를 빼앗았습니다. 그런데 어느 날, 그 우두머리 수컷들이 감염된 고기를 먹으면서, 이것이 뜻밖에 유리하게 작용했다는 사실이 증명되었습니다, 우두머리 수컷들은 모두 죽었지만 암컷과 힘없는 수컷들은 살아남았습니다. 짧은 시간 안에 개코원숭이 무리 내의 역학 관계는 완전히 새롭게 바뀌었습니다. 개코원숭이들은 이전보다 훨씬 덜 공격적이고, 더 사교적이며, 행동면에서 '스트레스'를 덜 받았습니다. 뿐만 아니라, 이러한 변화는 '더 착한' 일 세대 개코원숭이들이 모두 죽고 난 뒤로도 오래도록 지속되었습니다. 나중에 합류한 새 개코원숭이들이 덜 공격적인 행동에 자연스럽게 동화되었고 이를 전파시켰습니다. '친절'(그것을 친절이라고 불러도 좋다면요.)의 전파는 뿌리를 내렸습니다. 그리고 자라났습니다.

내가 왜 개코원숭이 이야기를 하고 있을까요? 아닙니다, 5학년 여러분을 개코원숭이와 비교하려는 건 절대 아니니, 걱정 마세요! 하지만 나는 감히 다음과 같은 교훈을 이끌어 내고자 합니다. 소수의 힘 있는 패거리가 한 집단의 분위기를 좌우한다. 어떤 교사에게라도 물어보십시오. 만약 정말 운 좋게 분위기를 긍정적으로 만드는 '우두머리' 학생이 한 반에 몇 사람만 있어도, 일 년이 편합니다. 반대로, 말썽꾸러기 몇 명이 다른 아이들을 좌지우지하는 반이라면, 안전벨트를 단단히 동여매는 수밖에요!

지나고 보니 작년은 매우 훌륭한 한 해였습니다. 보통 5학년생들 사이에 일어나는 터무니없는 장난이 어기와 줄리안의 '대립'으로 더욱 심해지기는 했지만, 결국 어기에게 좋은 쪽으로 잘 마무리되었고, 그 사이 여학생들 사이에서는 작은 드라마가 만들어졌습니다. 항상 당당하며 밝고 쾌활한 성격의 서머가 큰 역할을 했지요. 또 한 사람, 역시 아주 상냥한 친구인 샬롯도 있었습니다. 우리는 얼마 전 구글 독스를 통해 다음과 같은 글을 교환했습니다.

브라운 선생님, 안녕하세요. 학교 신문용 기사를 작성 중인데,

금언을 주제로 선생님과 인터뷰를 좀 할 수 있을까 해서요. 시간 괜찮으실까요?

안녕, 샬롯. 당연히 시간을 내야지.

와! 감사합니다! 먼저, 제가 여름방학 때 보내드린 금언 받으셨나요? '상냥한 것으로는 부족하다. 친구가 되어야 한다.'

그럼, 받았지! 잊지 않고 보내 줘서 고맙구나. 아주 마음에 들었단다.

감사합니다! 제가 왜 그 금언을 골랐는지 궁금하셨을 것 같아요.

그래. 사실, 너무 궁금한데.

어, 이유를 말씀 드릴게요. 졸업식 기억나시죠, 어기가 비처 메달을 받았던? 어기가 정말 받아 마땅한 상이라서 참 멋진 것 같았어요. 사실 다른 친구들도 같이 받았어야 하지 않나 싶은 마음도 있었지만요. 예를 들면 잭이요. 서머도. 두 사람은 어기한테 정말 좋은 친구였어요. 아이들이 어기한테서 도망치던 학기

초부터요.

샬롯, 이 부분은 신문에 나가는 건 아니지?

당연히 아니죠!

그냥 확인해 본 거야! 방해해서 미안.

별말씀을요. 전 그냥 내가 어기를 한 번도 제대로 안 적이 없었다는 생각이 들기 시작했어요. 이를테면 저는 어기한테 잘해 줬거든요. 복도에서 만나면 인사를 건넸고요. 한 번도 못되게 굴지 않았어요. 그런데 서머처럼은 한 번도 못해 줬어요. 어기와 같이 점심을 먹은 적이 없었어요. 잭처럼 다른 친구들한테서 어기를 지켜 준 적도 없었고요.

너무 자책하지 말거라, 샬롯. 너는 항상 아주 착한 친구였어.

네, 그런데 '착한' 건 '친절을 선택하는 것'과는 달라요.

무슨 말인지 알겠다.

올해부터 저는 '여름 식탁'에 앉기 시작했어요. 저와 어기, 서머, 잭, 마야, 레이드가 앉는 식탁 이름이에요. 아직도 어기 옆에 오길 꺼리는 애들이 있다는 걸 알지만 그건 걔네들 문제니까요, 그죠?

그렇고말고.

아무튼 다시 신문 기사로 돌아와서요. 선생님이 맨 처음 금언을 수집하게 된 까닭을 독자들에게 알려 주실 수 있을까요? 무슨 일을 계기로 시작하셨죠?

흠. 처음 금언을 수집하겠다는 생각이 든 건 대학 때였단다. 17세기의 만물박사인 토머스 브라운 경의 글을 읽게 되었는데 큰 감동을 받았거든.

정말요? 그분 이름이 토머스 브라운이에요?

놀라운 우연의 일치지?

그럼 언제부터 학생들에게 금언을 가르치기 시작하셨어요?

그로부터 얼마 뒤, 내가 교사 생활을 시작했을 때. 사실, 네가 나한테 이런 질문을 한다는 게 재밌구나. 왜냐하면 안 그래도 내가 수년간 수집한 금언을 모두 모아 한 권의 책으로 낼까 생각 중이었거든. 네가 나에게 묻고 있는 바로 그런 질문들을 간단히 언급한 몇 편의 글과 함께.

정말요? 정말 훌륭한 생각이세요! 저 꼭 그 책 살래요!

그래! 네가 좋아하니 기쁘구나.

제가 준비한 질문은 이게 다인 것 같아요. 책이 나오면 꼭 읽어 보고 싶어요.

고맙다. 그럼 잘 지내거라, 샬롯!

샬롯과의 인터뷰에서 가장 좋았던 점은 샬롯이 친절이 미치는 깊은 영향을 스스로 깨달았다는 사실이었습니다.
이 글의 시작은 실제로 있었던 개코원숭이 이야기였는데, 끝은 한 여학생의 이야기로 마무리합니다. 둘 다, 친절의 전

파는 뿌리를 내렸습니다. 생물학자와 교사가 똑같이 할 수 있으되, 기적과도 같은 효과를 거둘 수 있는 일은 과연 무엇일까요?

— 브라운 선생님이

11월

| 11월 1일 |

Have no friends not equal to yourself.

자기보다 못한 자를
벗으로 삼지 말라.

공자
——Confucius

| **11월 2일** |

It is a rough road that leads to the heights of greatness.

위대함에 이르는 길은
멀고도 험하다.

세네카

—Seneca

| 11월 3일 |

No one is good at everything but everyone is good at something.

모든 것을 잘하는 사람은 없지만
누구에게나 잘하는 것은 있다.

클라크
—Clark

| **11월 4일** |

Turn your wounds into wisdom.

당신의 상처를
지혜로 바꾸라.

오프라 윈프리
—Oprah Winfrey

| 11월 5일 |

In kindness is encompassed
every variety of wisdom.

친절 속에는
각종 지혜가 가득하다.

에르네스토 사바토
——Ernesto Sábato

| **11월 6일** |

Don't strive for love, be it.

사랑을 위해 애쓰지 마라.
사랑이 되어라.

휴 프레이더
—Hugh Prather

| **11월 7일** |

Good friends are like stars.
You don't always see them,
but you know they're
always there.

좋은 친구는 별과 같다.
늘 보진 못해도 항상 그곳에
있다는 걸 알기에.

작자불명
—Unknown

| 11월 8일 |

When life gives you lemons, make orange juice.
Be unique!

인생이 당신에게 레몬을 내민다면 오렌지 주스를 만들어라. 독창적이 되어라!

J.J.
—J.J.

| 11월 9일 |

If opportunity doesn't knock, build a door.

기회가 노크하지 않는다면
문부터 만들어라.

밀튼 버얼
—Milton Berle

| **11월 10일** |

O world, I am in tune with every note of thy great harmony.

오, 세상이여!
나는 당신이 만드는 위대한 화음 속
모든 음과 조화를 이루리니.

마르쿠스 아우렐리우스
—Marcus Aurelius

| **11월 11일** |

My religion is very simple. My religion is kindness.

제 종교는 매우 단순합니다.
제 종교는 친절입니다.

달라이 라마
—Dalai Lama

| 11월 12일 |

Today, fill your cup of life with sunshine and laughter.

오늘, 인생이라는 당신의 컵을
햇살과 웃음으로 채우세요.

도딘스키
—Dodinsky

| **11월 13일** |

Life is like sailing. You can
use any wind to go
in any direction.

인생은 항해와 같다.
어떤 바람이라도 이용하여
어떤 방향으로든 나아갈 수 있다.

로버트 브롤트
—Robert Brault

| 11월 14일 |

If you're lucky enough to be different, don't ever change.

참 다행스럽게도
당신이 남들과 다르다면,
결코 변하지 마세요.

테일러 스위프트
—Taylor Swift

| 11월 15일 |

It costs nothing

To be nice.

착하게 사는 데는
돈이 들지 않는다.

해리 스타일스
—Harry Styles

11월 16일

To succeed in life, you need
three things: a wishbone,
a backbone and a funny bone.

인생에 성공하려면 세 가지가 필요합니다.
소망, 근성 그리고 유머 감각입니다.

레바 매킨타이어
—Reba McEntire

| 11월 17일 |

The devotion of thought to an honest achievement makes the achievement possible.

정직한 성취를 이루겠다는 생각의 몰두가
그 성취를 가능하게 한다.

메리 베이커 에디
—Mary Baker Eddy

| 11월 18일 |

When you are living the
best version of yourself, you
inspire others to live the
best versions of themselves.

내가 만들 수 있는 가장 멋진
나의 모습으로 살고 있을 때,
남들에게도 그들만의 가장 멋진 모습으로
살도록 용기를 북돋아 줄 수 있다.

스티브 마라볼리
—Steve Maraboli

| 11월 19일 |

The happiness of life is made up of minute fractions—the little, soon forgotten charities of a kiss or smile, a kind look, a heartfelt compliment, and the countless infinitesimals of pleasurable and genial feeling.

행복은 사소한 편린들로 이루어진다.
입맞춤, 미소, 다정한 눈빛, 진심어린 칭찬,
유쾌함과 상냥함이 깃든 작은 행동 같은
곧 잊힐 소소한 것들로.

새뮤얼 테일러 콜리지
—Samuel Taylor Coleridge

| 11월 20일 |

If you don't know, you should ask.

모르면 물어야 한다.

헤일리
——Hailey

| 11월 21일 |

다른 누군가를 사랑하는 것은 신의 얼굴을 보는 것이다.

TO LOVE ANOTHER PERSON IS TO SEE THE FACE OF GOD

뮤지컬 〈레 미제라블〉 중에서(알랭 부브리)
—*Les Misérables, The Musical* (Alain Boublil)

| **11월 22일** |

Kindness can become its
own motive. We are made
kind by being kind.

친절은 하나의 동기가 될 수 있다.
우리는 친절을 베풀면서
친절한 사람이 되어 간다.

에릭 호퍼
——Eric Hoffer

| **11월 23일** |

What this world needs is a new kind of army— the army of the kind.

이 세상에 필요한 것은
새로운 종류의 군대입니다.
친절한 이들로 이루어진
군대 말입니다.

클리블랜드 아모리
—Cleveland Amory

| **11월 24일** |

Let us be grateful to people who make us happy. They are the charming gardeners who make our souls blossom.

우리를 행복하게 해 주는 사람들에게 감사하자. 그들은 우리의 영혼을 활짝 꽃피게 하는 매력적인 정원사들이다.

마르셀 프루스트
—Marcel Proust

| **11월 25일** |

And the song, from
beginning to end,
I found again in the
heart of a friend.

그리고 노래 역시, 처음부터 끝까지,
한 친구의 가슴속에 살아 있는 것을
나는 알았네.

헨리 워즈워스 롱펠로
—Henry Wadsworth Longfellow

| 11월 26일 |

Happiness is a perfume you cannot pour on others without getting a few drops on yourself.

행복이란 향수 같아서
먼저 자신에게 뿌리지 않고는
다른 사람에게 향기를 발할 수 없다.

작자불명
—Unknown

| **11월 27일** |

Good deeds can lead to more good deeds which can lead to more good deeds that will eventually lead back to you!

선행은 더 많은 선행으로 이어질 수 있고,

그 선행은 다시 더 많은 선행으로 이어져

결국은 나에게 되돌아온다.

니콜라스
—Nicolas

| 11월 28일 |

There are no shortcuts to any place worth going.

갈 만한 가치가 있는 곳에는
지름길이란 없다.

비벌리 실즈
—Beverly Sills

| 11월 29일 |

WHEN IT'S DARK, BE THE ONE WHO

어두워지면

TURNS ON THE LIGHT.

불을 켜는 사람이 되어라.

조지프
―Joseph

11월 30일

Big shots are only little shots who keep shooting.

큰 성공은 작은 성공을
거듭한 결과다.

크리스토퍼 몰리
—Christopher Morley

영웅

지난달 할로윈 때 프로도 분장을 한 학생을 보고 무심코 이런 말을 했습니다. "나도 프로도를 좋아하긴 하는데, 솔직히 중간계에서 가장 위대한 영웅은 샘와이즈 갬지 아닌가."

사방에서 헉 소리와 함께 "말도 안 돼."라는 말이 마구 튀어나오는데, 누가 들으면 내가 무슨 할로윈을 없애야 한다고 말한 줄 알았을 겁니다. 내가 한 말이 마지막으로 우리 반에서 이토록 많은 논란을 일으킨 게 언제였는지 기억조차 가물가물합니다! 가장 위대한 영웅이 누구인지를 두고 아라곤과 프로도 사이에서 대략 50대 50으로 대등하게 의견이 갈리긴 했지만(간달프를 꼽은 몇 사람을 빼면) 샘와이지를 지지한 나의 의견에 동의한 사람은 단 한 명도 없었습니다.

그래서 나는 나의 터무니없는 생각에 부연 설명을 덧붙여 보았습니다. 샘은 프로도가 좋을 때나 안 좋을 때나 변함없이 충성스러운 동반자였다는 사실을 학생들에게 일깨워 주었습니다. 프로도가 포기하려고 할 때마다 계속 나아갈 수 있게 해 주었다고 말이죠. 프로도가 더는 반지를 지닐 수 없게 되자 샘은 프로도를 업고 모르도르의 황량한 벌판을 건넜습니다. 프로도가 죽었다고 생각한 샘은 직접 반지를 가져가 파괴하려고 했습니다. 또한 반지의 유혹이 시작되었을 때, 샘은 반지의 유혹에 저항할 수 있었던 중간계에서 몇 안 되는 존재 중 하나였습니다. 나는 학생들에게 말했지요. 샘은 네 가지 덕목의 훌륭한 본보기가 되는 존재라고 말이죠. 고대 로마에서는 진정 위대한 사람이 되기 위해서는 다음 네 가지 덕목을 고루 갖춰야만 했습니다.

지혜 : 경험에서 얻어진 신중함 또는 주어진 상황에 적절히 대응하는 능력.

정의 : 옳은 일을 위해 싸우는 능력. 각자에게 자신의 권리를 부여하려는 영구적이고 끊임없는 의지.

용기 : 두려움, 불확실성 또는 위협에 맞서는 능력.

절제 : 자신의 사리사욕이나 욕망에 굴복하고 싶은 유혹에도 절제하는 능력. 절제는 스스로를 자제하는 기술이다.

샘와이즈 갬지는 그 모든 덕목의 완벽한 본보기라고 나는 주장했습니다. 그러자 학생들은 샘와이즈가 특별히 현명하지 않다는 사실을 지적했고, 그 부분은 저도 인정해야만 했습니다. 또 샘와이즈는 진정 정의를 위해 살지 않았다는 말에, 그 역시 인정할 수밖에 없었지요. 결국, 전체적으로 보건대, 우리는 샘이 절제를 상징한다는 결론을 내렸습니다. 샘은 스스로의 욕심 앞에 굴복한 적이 단 한 번도 없을 뿐더러, 친구들을 돕기 위해서는 흔들림 없이 굳건했으니까요.

"그럼 나머지 덕목을 대표하는 다른 가상의 영웅으로는 누구를 떠올려 볼 수 있을까?" 하고 나는 아이들에게 물었습니다. 여기에서부터 재미있는 일이 시작되었지요! 학생들에게 이틀 동안 조사할 시간을 준 뒤, 교실에서 토론을 벌였습니다.

지혜 부문에서는 가장 흔히 언급된 이름이 요다였습니다. "설마!" 하고 내가 익살스럽게 나무라며 덧붙였습니다. "정말이야? 확실한 정답이 있는데." 그러면서 '스타워즈'로만 본다면, 내가 생각하는 가장 지혜로운 인물은 루크 스카이워커라고 주장했습니다. 물론, 처음에는 아니었죠. 하지만 루크가 스스로의 감정을 다스리는 법을 익히고 타인의 감정에 대해 깊은 통찰력을 갖게 된 뒤로는 차분하고 냉정하면서도 침착한 제다이 기사가 되었고, 어둠의 세력과 맞설 만큼 영리해졌습니다. 학생들은 납득하지 않았습니다. 아무래도 40세 이하 팬들 입장에서는 요다보다는 루크가 덜 매력적인가 봅니다.

정의 부문을 논하면서, 우리는 '나니아 연대기'로 방향을 틀었습니다. 명예를 회복하고 정의의 왕 에드먼드가 된 에드먼드가 확실한 만장일치로 선택을 받았습니다.

용기 부문은 슈퍼 히어로의 세계로 가 보았습니다, 슈퍼맨 대 배트맨 사이에서 열띤 토론이 벌어졌습니다. 슈퍼맨은 매우 용감하다는 면이 꼽혔지만 크립토나이트라는 약점만 빼면, 도저히 무찌를 수 없는 존재라는 게 걸렸습니다. (더구나 주머니에 크립토나이트를 가지고 다니는 사람이 얼마나 될까요?) 반면, 배트맨은 여러 가지 장치를 소유한 평범한 남자로 대단히 용감한 영웅입니다. 결국 어느 한쪽으로 결론이 나지 않았고, 앞으로도 쭉 그렇지 않을까 싶습니다.

사실 내가 그 위대한 라이벌 이야기를 꺼낸 건, 내 인생 캐릭터 가운데 하나인 아킬레스 대 헥토르를 소환하기 위해서였습니다. 두 인물에 대해 들어 본 적조차 없는 학생들에게 고대의 유명한 불화를 소개하는 하나의 재미있는 방식이랄까요. 사실, 아킬레스는 그리스의 가장 위대한 영웅이었습니다. 아킬레스의 어머니는 여신이었고, 아기 아킬레스를 스틱스 강물에 담가 천하무적으로 만들었지요. 어머니가 잡고 있던 아킬레스의 발꿈치만 빼고요. 여기에 한 신이 직접 갑옷까지 만들어 준 덕분에 더욱 무찌를 수 없는 존재가 되었습니다. 게다가 아킬레스는 역대 최고로 가장 잘 훈련된 전사였습니다. 아킬레스는 싸움을 즐겼습니다! 반면, 헥토르는 트로이의 챔피언이었지만 싸움을 즐기지 않았습니다. 여신을 어머니로 두지도, 갑옷을 만들어 줄 신도 없었습니다. 헥토르는 남다른 검술 실력을 지닌 평범한 남자로, 그리스 군함 천 대가 트로이 해안을 침략하자 고향을 지키기 위해 싸웠습니다.

이어서 나는 아킬레스와 헥토르 사이의 영웅적인 대결에 대해 들려주었습니다. 아이들은 그 이야기를 듣고 잔뜩 신이 났지요! 요즘 애들에게는 고전을 가르칠 수 없다고 누가 그랬나요?

토론의 마지막 덕목은 절제였습니다. 책이나 영화 속에서 스스로를 자제하는 기술을 가장 잘 구현해 낸 인물은 누구일까요? 우리는 '해리 포터'의 세계로 눈을 돌려보았습니다. 때로는 규칙을 어기기도 했지만 해리는 자신이 지닌 힘을 혼자만의 이익을 위해 함부로 쓴 적은 한 번도 없는 것 같습니다. 한 학생의 말처럼 해리는 마음만 먹으면 투명 망토를 나쁜 일에 백 번은 쓸 수 있었지만, 그렇게 하지 않았습니다. 대신 자신의 힘을 더 좋은 일을 위해 썼습니다. 그것이 바로 작가 롤링이 가르치고자 한 훌륭한 교훈이지요.

프로도 분장을 한 남학생을 보고 엉겁결에 시작되긴 했지만, 그날은 교사로서 매우 뜻깊은 가르침의 날이었습니다. 생뚱맞은 주제이긴 했지만, 그 교훈만큼은 그날 배울 교과과정에 있던 그 어떤 것보다 더 귀중했다고 생각합니다.

  교사는 가르칠 자유가 필요합니다. 학생들이 시험만 잘 보게 가르치려 든다면 가질 수 없는 자유 말입니다. 아이들이 치르는 필수과목 시험에 헥토르가 나올 일은 없다고 확신합니다. 그러나 지혜, 정의, 용기와 절제에 대해 오늘 배운 교훈이 아이들의 마음속에 평생토록 자리할 것 역시 나는 똑같이 확신합니다.

— 브라운 선생님이

12월

■ 12월 1일 ■

Fortune favors the bold.

용기 있는 자가
운명을 개척한다.

베르길리우스
—Virgil

■ **12월 2일** ■

Kindness is difficult to give away because it keeps coming back.

친절은 남에게 한 번 주고
끝내기가 어렵다.
친절은 베푼 사람에게
계속해서 되돌아오므로.

마르셀 프루스트
—Marcel Proust

■ **12월 3일** ■

The smallest good deed is better than the grandest intention.

작은 선행 하나가
거창한 생각보다 낫다.

작자불명
—Unknown

■ **12월 4일** ■

I'm not afraid of storms, for I'm learning how to sail my ship.

나는 폭풍이 두렵지 않다.
나의 배로 항해하는 법을
배우고 있으니.

루이자 메이 올컷
—Louisa May Alcott

■ 12월 5일 ■

On that best portion of
a good man's life,
His little, nameless,
unremembered, acts
Of kindness and of love.

좋은 사람의 삶은
사소하고, 이름을 밝히지 않으며,
기억되지 않는,
친절과 사랑의 행동들로
대부분이 채워진다.

월리엄 워즈워스
―William Wordsworth

■ **12월 6일** ■

By perseverance, the snail reached the ark.

달팽이는 인내로 방주에 닿았다.

찰스 스펄전
—Charles Spurgeon

■ 12월 7일 ■

I believe that every human mind feels pleasure in doing good to another.

모든 인간은 다른 이에게
선행을 함으로써
즐거움을 느낀다고 믿는다.

토머스 제퍼슨
—Thomas Jefferson

■ 12월 8일 ■

나는 삶이 한 권의 책과 같다고 배웠습니다.
때때로 우리는 한 장을 닫고 새로운 장을 시작해야 합니다.

I've learned that life is like a book. Sometimes we must close a chapter and begin the next one.

한즈
—Hanz

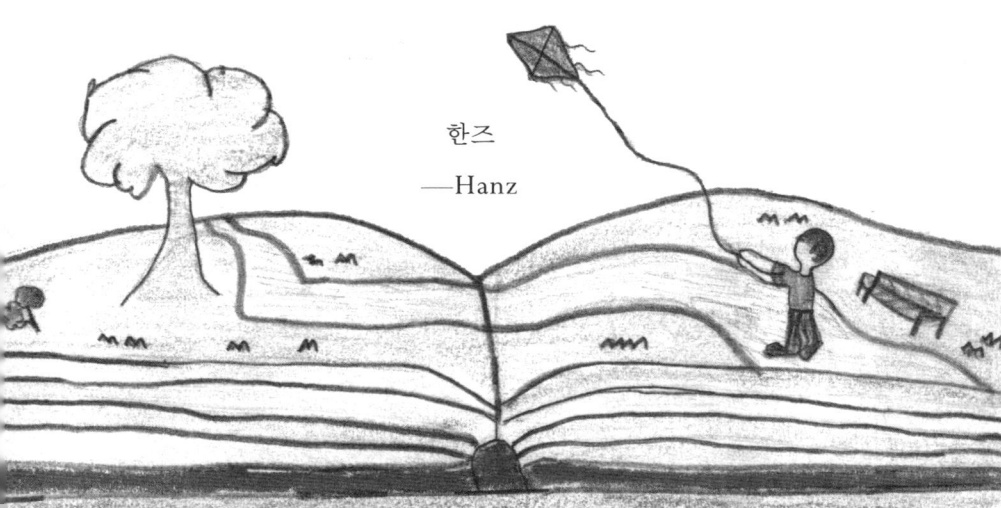

■ 12월 9일 ■

You're like a bird,

spread your wings

and soar above

the clouds.

당신은 한 마리 새와 같답니다.
날개를 활짝 펴고, 구름 위로 날아오르세요.

메어리드
—Mairead

■ 12월 10일 ■

The sun does not shine for a few trees and flowers, but for the wide world's joy.

태양이 빛나는 것은 몇 그루 나무와
꽃들을 위해서가 아니라
온 세상의 기쁨을 위해서이다.

헨리 워드 비처
—Henry Ward Beecher

■ **12월 11일** ■

All our dreams can come true—if we have the courage to pursue them.

우리의 모든 꿈은 이루어질 수 있다.
우리가 그것을 밀고 나갈 용기만 있다면.

월트 디즈니
——Walt Disney

■ 12월 12일 ■

Injustice anywhere is a threat to justice everywhere.

어디서 발생하든
불의는 세상 모든 곳의
정의를 위협한다.

마틴 루터 킹
—Martin Luther King, Jr.

■ **12월 13일** ■

You are never too old to set another goal or to dream a new dream.

새로운 목표를 세우고
또 다른 꿈을 꾸기에
너무 늦은 나이란 없다.

C. S. 루이스
—C. S. Lewis

12월 14일

Life is like an ice-cream cone; you have to lick it one day at a time.

인생은 아이스크림 콘 같은 것.
무슨 일이 닥칠지 너무 걱정 말고
녹기 전에 핥아먹어야 해.

찰스 M. 슐츠
—Charles M. Schulz

■ 12월 15일 ■

Accept what you have
and treat it well.

지금 당신이 가진 것을 인정하고

소중히 여겨라.

브로디
—Brody

■ **12월 16일** ■

For beautiful eyes, look
for the good in others;
for beautiful lips, speak
only words of kindness;
and for poise, walk
with the knowledge
that you are never alone.

아름다운 눈을 가지려면,
다른 이들에게서 좋은 점을 보아라.
아름다운 입술을 가지려면,
친절한 말만 하여라.
아름다운 자세를 갖고 싶으면,
네가 결코 혼자 걷고 있지 않음을
명심해서 걸어라.

오드리 헵번
—Audrey Hepburn

■ **12월 17일** ■

True wisdom lies in gathering the precious things out of each day as it goes by.

지혜는 하루하루를 사는 동안
그 하루가 선사해 준 귀중한 것들을
거두어 모으는 데 있다.

E. S. 보턴
—E. S. Bouton

■ 12월 18일 ■

Nothing will work unless you do.

당신이 행동하지 않으면
아무 일도 일어나지 않는다.

마야 안젤루
——Maya Angelou

■ **12월 19일** ■

EVEN THE
SMALLEST
PERSON
CAN CHANGE
THE COURSE
OF THE FUTURE.

비록 하찮은 자일지라도
미래의 길을 바꿀 수 있지.

J. R. R. 톨킨
—J. R. R. Tolkien

■ 12월 20일 ■

To give service to a
single heart by a single act
is better than a thousand
heads bowing in prayer.

수천 명의 사람들이
고개를 숙여 기도하는 것보다
하나의 행동으로 한 명의 사람을
돕는 것이 낫습니다.

마하트마 간디
—Mahatma Gandhi

■ **12월 21일** ■

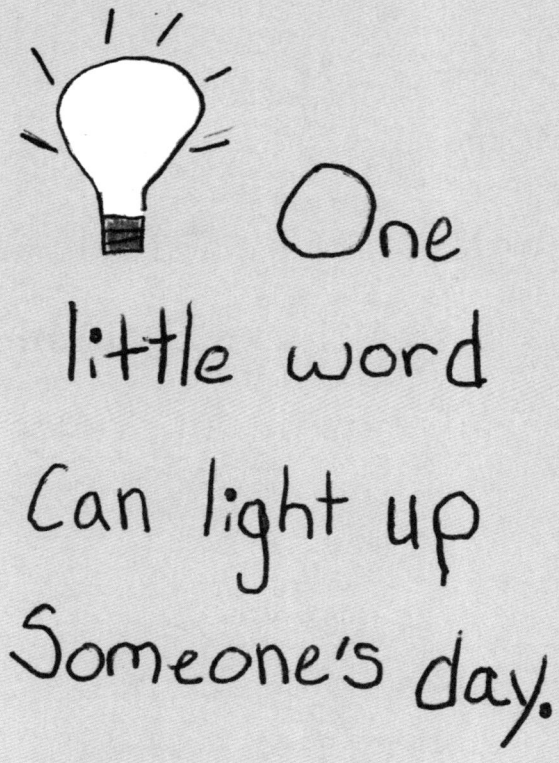
One little word can light up someone's day.

작은 한 마디 말도
누군가의 하루를 환히 밝힐 수 있다.

애인슬리
—Ainsley

■ **12월 22일** ■

Do your little bit of good where you are; it's those little bits of good put together that overwhelm the world.

당신이 있는 자리에서
작은 선행을 행하세요.
그 작은 선행이 모이면
세상을 놀라게 합니다.

데스몬드 투투
—Desmond Tutu

■ 12월 23일 ■

Happiness resides
not in possessions,
and not in gold.
Happiness dwells
in the soul.

행복은 재물이나 황금 속에
있는 것이 아니다.
행복은 마음속에 있다.

데모크리토스
—Democritus

■ **12월 24일** ■

Goodness does not consist in greatness, but greatness in goodness.

선은 위대함으로 이루어지지 않으나,

위대함은 선으로 이루어진다.

아테나이오스
—Athenaeus

■ 12월 25일 ■

A single sunbeam is enough to drive away many shadows.

한 줄기 햇빛만으로도 짙은 어둠을
몰아내기에 부족함이 없다.

아시시의 성 프란체스코
—St. Francis of Assisi

■ 12월 26일 ■

Amid life's quests, there seems but worthy one: to do men good.

삶이라는 원정길에서,
가치 있는 건 오직 하나뿐.
사람들에게 선행을 베푸는 것.

가말리엘 베일리
—Gamaliel Bailey

■ 12월 27일 ■

A big heart is determined to make other hearts grow.

큰 마음은 다른 마음들을 성장시킨다.

크리스티나
—Christina

■ 12월 28일 ■

Happiness is someone to love, something to do, and something to hope for.

행복은 사랑할 누군가이며,
해야 할 무언가이자,
희망할 무언가이다.

중국 속담
—Chinese proverb

■ **12월 29일** ■

We didn't all come over on the same ship, but we're all in the same boat.

우리가 모두 같은 배를
타고 오지는 않았으나,
이제는 모두 같은 배를 타고 있다.

버나드 바루크
—Bernard Baruch

■ 12월 30일 ■

Dream your dreams, but when you act, plant your feet firmly on the ground.

꿈을 꾸어라. 그러나 행동할 때에는
땅에 두 발을 단단히 딛어라.

노엘 클라래소
—Noel Clarasó

■ 12월 31일 ■

Let us always meet each other

항상 웃는 얼굴로

with a smile. . . .

서로를 마주하세요.

마더 테레사
—Mother Teresa

친절을 선택하기

　12월. 한 해의 마지막. 새로운 해의 시작. 기억할 기회. 기대할 기회. 옛 제자들로부터 소식을 들을 수 있어서 기뻤습니다. 어기. 서머. 샬롯. 그리고 말할 것도 없이, 그중에서도 가장 깜짝 놀랄 만한 사람은 줄리안이었죠. 작년에 내가 가르쳤던 학생 중 한 명인 아모스로부터 짧지만 의미심장한 이메일을 받기 전까지는 말이죠. 평소 조용한 편으로 수업 중에 한 번도 목소리를 높인 적이 없는 아모스는 작년에 자연휴양림에서 어기와 잭을 구출해 내면서 우리 모두에게 놀라움을 안겼습니다. 아모스는 돌격대를 지휘했고 훌륭한 리더십을 보여 주었습니다. 때때로 아이들은 리더가 되기 전까지는 자신에게 리더의 자질이 있는지조차 모를 때가 있습니다.

　아모스의 이메일을 받고 보니, 한 작은 수수께끼를 풀어 준 답이 되었더군요. (나 혼자만 궁금해한 수수께끼는 아니었을 겁니다.)

받는 사람 : tbrowne@beecherschool.edu
보내는 사람 : amosconti@wazoomail.com
제목 : 나의 금언… 드디어!

안녕하세요, 쌤. 크리스마스 잘 보내셨나요! 여름방학 때 엽서 못 보내 드려서 죄송요. 많은 일이 있었잖아요, 아시죠? 드디어 보냅니다. '멋져지려고 너무 애쓰지 말라. 그것은 티가 나게 마련이며 멋지지도 않다.'

어때요? 멋지죠, 네? 제 금언이 무슨 뜻인지는 굳이 말 안 할래요. 어차피 너무 뻔하니까요. 뭐, 제가 누구를 말하는지 아실 텐데요 뭘. 히히히.

사실, 진지하게 드리는 말씀이랍니다. 작년은 너무 힘들었어요, 쌤! 드라마가 넘쳐났잖아요! 아, 전 드라마는 별로예요. 줄리안이란 엮인 일들이 지긋지긋한 것도 그 때문이었어요. 올해는 드라마가 별로 없어서 좋아요. 이제 어기를 괴롭히는 애는 없어요. 아니, 아예 없지는 않지만 크게 걱정할 정도는 아니라는 얘기죠. 솔직히, 어딜 가든 은근히 쳐다보는 사람들이야 있겠죠. 그래도 어기는 작지만 강한 녀석이라 더는 아무도 어기를 함부로 건드리지는 않아요.

참, 제가 쌤한테 작은 비밀 하나 알려 드릴까요. 마음의 준비가 되셨나요? 줄리안이 어기 사물함에 못된 쪽지를 남겨서 아주 곤

란해진 거 아시죠? 줄리안이 내년에 우리 학교에 다니지 않게 된 진짜 이유가 그거라고 다들 그러더라고요. 줄리안이 사실상 정학까지 당했다는 소문도 들었어요! 아무튼 수수께끼는 이거죠. 교장 선생님이 대체 어떻게 그 쪽지에 대해 알아냈을까? 어기는 이르지 않았어요. 잭도 이르지 않았어요. 서머도 이르지 않았어요. 줄리안도 말하지 않았어요. 마일즈도 말하지 않았어요. 그리고 헨리도 말하지 않았어요. 제가 어떻게 아냐고요? 왜냐하면… 두구두구두구… 바로 저였으니까요! 그 쪽지에 대해 교장 선생님한테 말한 사람은 바로 저예요. 상상도 못 하셨죠, 네?

조금 부연 설명을 하자면요, 줄리안이 못된 쪽지를 남기고 있다는 걸 헨리와 마일즈가 알았거든요. 둘이 나한테 그 얘기를 하면서 아무한테도 말하지 말라고 했어요. 그런데 그 말을 들으니, 줄리안이 어기를 그렇게까지 못살게 구는 게 너무 심하다 싶은 거예요. 그건 학교 폭력이나 마찬가지잖아요. 헨리와 마일즈한테는 입 다물고 있겠다고 맹세했지만, 교장 선생님한테 말씀을 드리지 않을 수 없었어요. 그래야 교장 선생님이 어기를 지키기 위해 무슨 일이든 하실 테니까요. 쌤, 저는 구경꾼이 아니라 행동하는 사람이라고요! 어기 같은 작은 녀석들은 저 같은 사람이 나서 줄 필요가 있잖아요, 네?

대충 그렇게 된 이야기랍니다, 쌤. 하지만 아무한테도 말씀하시면 안 돼요! 괜히 '고자질쟁이'라는 말은 듣기 싫거든요. 다시 생각해 보니까 아무려나 상관없을 것 같기도 해요. 제가 옳은 일을 했다는 걸 아니까요.

따뜻한 겨울 보내세요, 쌤! 날씨가 추워요!

네, 바깥 날씨는 추울지 모르지만 이 이메일은 제 마음을 아주 따뜻하게 해 주었습니다. 솔직히 말하자면 저는 상상도 못 했습니다. 누구에게나 들려줄 이야기가 있다는 걸 보여 준다고나 할까요. 그리고 제 경험상으로는 대부분의 사람은 자신이 생각하는 것보다 조금은 더 고귀한 존재입니다.

— 브라운 선생님이

감사의 글

아주 많은 분들이 이 책을 만드는 데 도움을 주셨습니다. 제일 먼저, 이 책에 포함이 되었든 아니든, 금언을 보내 준 모든 어린이에게 감사 드립니다. 전 세계에서 1,200개가 넘는 금언이 도착했습니다. 이 책에 나온 금언들은 브라운 선생님의 금언 정신을 가장 잘 대표한다고 생각되는 금언들입니다. 금언은 단순한 격언이나 예쁜 인용구가 아닙니다. 삶의 지표로 삼을 만한 말이자, 마음을 드높여 주고, 사람들 속의 선함을 기리는 말이지요.

또한 나를 도와 도착한 금언을 하나하나 **빠짐없이** 살펴 준 나의 남편 러셀과 두 아들 칼렙과 조지프에게도 고마움을 전합니다. 모든 면에서 세 사람이 보여 준 지혜와 통찰력과 지지와 사랑에 감사 드립니다. 여러분이 없다면 나는 아무것도 하지 못했을 거예요.

트리던트 미디어의 알리사 아이스터 헨킨에게, 작업의 모든 단계를 당신과 함께할 수 있어서 정말 감사하게 생각합니다. 나의 훌륭한 편집자, 에린 클라크와 낸시 힌켈, 로렌 도노

반, 주디스 오우트, 바바라 마르쿠스, 그리고 랜덤 하우스의 놀라운 팀에게 감사를 전합니다. 교열을 맡아 주고 이 많은 인용문의 출처를 찾는 일을 도와준 자넷 와이갈, 다이앤 주앙, 아티 베네트에게도 특별한 감사를 드립니다.

늘 그렇듯, 제가 성장할 수 있도록 영감을 주시고, 매일 아이들을 일깨워 주시는 선생님들과 사서 선생님들께 감사를 드립니다. 여러분이야말로 진정한 세상의 기적입니다!

— R. J. 팔라시오

나만의 금언 및 그림과 글자체를 보내 주신 분들

1월 2일 : 로알드 달 인용문, 뉴욕 주 브루클린, 10세, 네이트 제공
1월 11일 : 폴 브란트 인용문, 캐나다 서스캐처원 리자이나, 13세, 엘리아 제공
1월 26일 : 오스카 와일드 인용문, 노스캐롤라이나 주 그린스보로, 페이스 제공
1월 31일 : 내가 만든 금언, 버몬트 주 베닝턴, 도미닉
2월 4일 : 내가 만든 금언, 뉴욕 주 포트 제퍼슨, 11세, 매디슨
2월 7일 : 내가 만든 금언, 뉴욕 주 포트 제퍼슨 스테이션, 11세, 에밀리
2월 10일 : 내가 만든 금언, 미시건 주 트로이, 10세, 레베카
2월 13일 : 내가 만든 금언, 미시건 주 트로이, 11세, 린드세이
2월 16일 : 로이드 존스 인용문, 캐나다 서스캐처원 리자이나, 13세, 리암 제공
2월 17일 : 내가 만든 금언, 매사추세츠 주 허드슨, 11세, 잭
2월 23일 : 내가 만든 금언, 미시건 주 트로이, 10세, 슈레야
3월 5일 : 내가 만든 금언, 캘리포니아 주 산 라몬, 11세, 안토니오 / 그림, 조지프 고든
3월 7일 : 랠프 월도 에머슨 인용문, 캐나다 서스캐처원 리자이나, 13세, 린 제공
3월 13일 : 헨리 스탠리 하스킨스 인용문, 캐나다 서스캐처원 리자이나, 12세, 디콘 제공
3월 18일 : 내가 만든 금언, 테네시 주 내슈빌, 10세, 케이트
3월 19일 : 내가 만든 금언, 워싱턴 D.C., 10세, 이사벨
3월 21일 : 내가 만든 금언, 뉴저지 주 라노카 하버, 11세, 매튜
3월 22일 : 내가 만든 금언, 유타 주 세인트 조지, 토머스
3월 24일 : 중국 속담, 캐나다 서스캐처원 리자이나, 13세, 네이션 제공
3월 25일 : 내가 만든 금언, 오하이오 주 베이 빌리지, 엘라

3월 31일 : 내가 만든 금언, 뉴욕 주 메릭, 10세, 카일러

4월 5일 : 내가 만든 금언, 뉴저지 주 라노카 하버, 10세, 델라니

4월 6일 : 마하트마 간디 인용문, 테네시 주 내슈빌, 10세, 로즈메리 제공

4월 11일 : 빈스 롬바르디 인용문, 캐나다 서스캐처원 리자이나, 13세, 재커리 제공

4월 13일 : 내가 만든 금언, 일리노이 주 시카고, 11세, 로리

4월 16일 : 지기 인용문, 일리노이 주 시카고, 11세, 케이트 제공

4월 17일 : 그림-뉴욕 주 잭슨 하이츠, 11세, 매튜

4월 19일 : 내가 만든 금언, 일리노이 주 글렌뷰, 10세, 애나

5월 5일 : 빈스 롬바르디 인용문, 오하이오 주 드레스덴, 10세, 엠마 제공

5월 7일 : 내가 만든 금언, 뉴욕 주 크로턴-온-허드슨, 12세, 그레이스

5월 14일 : 내가 만든 금언, 버몬트 주 베닝턴, 더스틴

5월 16일 : 내가 만든 금언, 일리노이 주 윌멧, 10세, 개빈

5월 21일 : 내가 만든 금언, 미시건 주 트로이, 10세, 스리슈티

5월 27일 : 내가 만든 금언, 메인 주 보도인햄, 10세, 플린

5월 28일 : 내가 만든 금언, 캐나다 퀘벡, 11세, 매들린

6월 4일 : 밥 말리 인용문, 뉴욕 주 잭슨 하이츠, 11세, 안젤리나 제공

6월 16일 : 내가 만든 금언, 펜실베이니아 주 스테이트 칼리지, 11세, 클레어

6월 17일 : 내가 만든 금언, 미시건 주 트로이, 10세, 조쉬

6월 25일 : 내가 만든 금언, 뉴욕 주 크로턴-온-허드슨, 11세, 엠다

6월 26일 : 내가 만든 금언, 브라질, 26세, 파코

6월 30일 : 내가 만든 금언, 뉴욕 주 브루클린, 17세, 칼렙
7월 12일 : 작자불명 금언, 미시건 주 트로이, 10세, 줄리아 제공
7월 15일 : 앤터니 로빈스 인용문, 캐나다 서스캐처원 리자이나, 14세, 콜 제공
7월 20일 : 내가 만든 금언, 매사추세츠 주 마블헤드, 11세, 메이
7월 23일 : 내가 만든 금언, 캐나다 서스캐처원 리자이나, 12세, 마테아
8월 5일 : 그림-뉴욕 주 잭슨 하이츠, 11세, 애슐리
8월 10일 : 더그 플로이드 인용문, 뉴욕 주 메릭, 10세, 애비 제공
8월 26일 : 내가 만든 금언, 매사추세츠 주 블랙스톤, 11세, 에바
8월 30일 : 그림- 뉴욕 주 잭슨 하이츠, 11세, 알리
9월 8일 : 작자불명 금언, 캐나다 서스캐처원 리자이나, 13세, 사만다 제공
9월 13일 : 내가 만든 금언, 노스캐롤라이나 주 그린즈버러, 조이
9월 16일 : 내가 만든 금언, 캐나다 퀘백, 10세, 알렉시스
9월 24일 : 속담, 오하이오 주 드레스덴, 10세, 테일러 제공
9월 26일 : 내가 만든 금언, 유타 주 세인트 조지, 10세, 라일리
9월 29일 : 내가 만든 금언, 테네시 주 내슈빌, 9세, 엘리자베스
10월 3일 : 내가 만든 금언, 뉴저지 주 웨스트 윈저, 10세, 존
10월 5일 : 닥터 수스 인용문, 노스캐롤라이나 주 그린즈보로, 캐서런 제공
10월 14일 : 내가 만든 금언, 독일 뮌헨, 12세, 다니엘
10월 22일 : 작자불명 금언, 뉴욕 주 브루클린, 10세, 네이트
11월 3일 : 내가 만든 금언, 캐나다 서스캐처원 리자이나, 12세, 클라크

11월 8일 : 내가 만든 금언, 뉴저지 주 스코치 플레인즈, J. J.
11월 14일 : 테일러 스위프트 인용문, 뉴저지 주 브룬스윅, 17세, 니키 제공
11월 20일 : 내가 만든 금언, 일리노이 주 시카고, 11세, 헤일리
11월 21일 : <레 미제라블> 인용문, 캘리포니아 주 샌디에이고, 11세, 캐서런 제공
11월 27일 : 내가 만든 금언, 펜실베이니아 주 스테이트 칼리지, 10서, 니콜라스
11월 29일 : 내가 만든 금언, 뉴욕 주 브루클린, 9세, 조지프
12월 8일 : 내가 만든 금언, 캐나다 서스캐처원 리자이나, 13세, 한즈
12월 9일 : 내가 만든 금언, 매사추세츠 주 프랭클린, 11세, 메어리드
12월 13일 : C. S. 루이스 인용문, 캐나다 서스캐처원 리자이나, 12세, 치디아디 제공
12월 14일 : 찰스 M. 슐츠 인용문, 뉴욕 주 브룬스윅, 14세, 대니 제공
12월 15일 : 내가 만든 금언, 뉴저지 주 포크트 리버, 10세, 브로디
12월 21일 : 내가 만든 금언, 뉴욕 주 레이크뷰, 10세, 애인슬리
12월 27일 : 내가 만든 금언, 텍사스 주 엘 파소, 크리스티나
12월 31일 : 여우 그림-뉴욕 주 잭슨 하이츠, 11세, 케빈 / 오리 그림-뉴욕 주 잭슨 하이츠, 11세, 프라산샤

덧붙여 그림을 도와준 니키 마르티네즈, 대니 마르티네즈, 조지프 고든에게 특별히 감사 드립니다.

출처에 대해 : 이 책 속의 인용문들의 본래 출처를 정확히 반영토록 하기 위해 가능한

모든 방법을 동원하였습니다. 그러나 수세기를 걸치며 옛 금언들은 낱말이 바뀌거나 다른 번역을 통해 변화를 겪으며 고쳐지는 일이 다반사였습니다. 이 책에서는 유명한 인용문이나 금언이 논란 없이 특정인의 것으로 여겨지는 경우에는, 원래 출처가 확인이 되지 않더라도 가장 일반적으로 통용되는 작자를 사용하였습니다. 논란의 여지가 있는 인용문의 경우에는 '작자불명'으로 표시하였습니다.

옮긴이의 글
365개의 금언, 365개의 기적

　금언. 브라운 선생님이 쉽게 풀이한 바에 따르면 '삶의 원칙'이자 '삶의 지표가 되어 주는 말'입니다. 살다 보면 어떻게 살아야 할까, 어떤 것이 나답게, 사람답게 사는 길일까 고민하는 순간이 오기 마련입니다. 어린아이라고 해서 그러한 고민이 없을 리 없고, 나이가 들면 들수록 그러한 고민은 더욱 크고 무겁게 느껴지는 법이죠. 이 작품은 그러한 고민의 순간에 삶의 나침반이 되어 줄 만한 책입니다.

　작가인 R. J. 팔라시오는 『원더』를 시작으로 『줄리안 이야기』, 『크리스 이야기』, 『샬롯 이야기』와 그림책 『우린 모두 기적이야』에 이르기까지 여러 권의 시리즈를 발표했습니다. 팔라시오가 『원더』 이야기가 아닌 다른 작품을 쓰지 않는 게 혹시 편한 길을 가려는 건 아닐까 잠시 생각했던 게 부끄러울 정도로 『원더』와 관련된 새로운 작품을 접할 때마다 놀라우면서도 존경스러운 마음이 듭니다. 브라운 선생님의 금언을 주제로 한 이 작품 또한 다르지 않습니다. 번역하면서 365개의 금언을 수없이 읽었지만 그때마다 울컥하기도 하고, 마음이 따뜻해지기도 하고, 반성과 다짐을 반복하며 참 많은 생각을 했습니다.

이 책이 특별한 이유는 금언이 위대한 인물의 명언이나 대대로 내려오는 속담처럼 거창한 것만이 아니라는 것을 일깨워 주기 때문입니다. 이 책에는 위인이나 유명인이 한 말이나 오랜 속담도 있지만, 전 세계 어린이들이 직접 지은 금언도 많습니다. 지금껏 제가 살아오면서 제 삶의 지표가 되어 준 말도 실은 거창한 명언은 아니었습니다. 꿈이 너무도 멀게만 느껴질 때, 저를 가르쳐 주신 선생님의 한 마디, "포기하지 않고 가다 보면 이루게 된다. 아니 이룰 수밖에 없다."는 그 말씀이 저에겐 큰 힘이 되었지요. 그리고 이 책을 번역하던 중에 신문에서 우연히 한 문구를 읽고, 브라운 선생님처럼 저 역시 그 문구의 아름다움과 힘에 몸이 그대로 얼어붙는 기분이 들었습니다. 바로 '돕는다는 것은 우산을 들어 주는 것이 아니라 함께 비를 맞는 것'이라는 고 신영복 선생님의 말씀이었습니다. 팔라시오가 『원더』 시리즈를 통해 가장 말하고 싶은 '친절'과도 일맥상통하는 글귀라서 일까요. 참으로 실천하기 어려운 말이긴 하지만 그 마음가짐만은 두고두고 간직하고 싶습니다.

금언이라는 게 한 문장에서 길게는 두세 문장에 불과하지만 이처럼 누군가에게는 인생 문구가 될 수도 있고, 또 누군가에게는 삶을 바꾸는 기적 같은 글귀가 될 수 있기에, 우리말로 옮기는 과정에서 조사 하나도 더 조심하고 더 고민을 거듭하게 되었습니다. 아무쪼록 이 책을 읽는 여러분 모두 365일의 금언을 통해 365일의 기적을 경험하게 되길 소망합니다.

— 천미나